무조건 성공하는
내집마련
첫걸음

구석구석 보물 같은 내 집을 찾아내는 비밀 77

 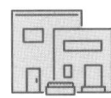  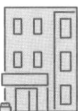 

무조건 성공하는
내집마련 첫걸음

부동산 러너 투자N 지음

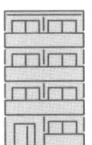   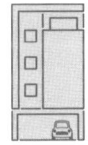   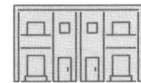 

꿈꿔온 내 집, 당신도 가질 수 있습니다!

동양북스

┃ 프롤로그 ┃

청춘 같은 내 집,
당신도 가질 수 있습니다

인생의 가장 빛나는 시기, 청춘靑春.
꿈과 열정이 가득하고, 회복이 빠르며 무한한 가능성이 있다.
만약 늙지 않고 건강한 청년으로 평생 살 수 있는 방법이 있다면?
많은 사람이 돈을 아낌없이 지급할 것이다. 그만큼 청춘은 귀하다.
그런데 그 청춘이 사람에게만 있는 것이 아니다.
집에도 동네에도 청춘이 있다. 그 집은 막 지어진 새 아파트일 수도 있고, 오래된 집이지만 신생의 숨결을 품은 리모델링 주택일 수도 있다.
당신이 지금 관심 있는 '내집마련'의 대상은 어떤 모습인가?

사람들은 청춘 같은 집을 찾기 위해 출퇴근에 1시간 넘게 걸리는 신도시 지역으로 기꺼이 이사를 한다. 서울 중심부의 집을 살 여유가 없기 때문이다. 그래서 정보를 뒤지고, 커뮤니티에서 묻고, 집 보러 다니는 주말을 몇 달이나 보낸다. 결국 입주한 집에 대해 처음 한 달은 이렇게 스스로 자신을 위로한다.

"아직 공사 중이니 먼지가 날 수도 있지."
"학교가 곧 완공된다니까 당분간만 아이를 옆 동네 학교로 보내자."
"입주자 카페도 만들고 소통하다 보면 조금씩 괜찮아질 거야."

하지만 1년이 지나고 2년이 흘러도 현실은 생각과 다르다.
분양 당시 장밋빛이었던 생활환경은 그저 미래 계획일 뿐이었다는 걸 알게 되고, 옆 동네는 벌써 상권이 생겼는데 우리 동네는 여전히 덜 개발된 상태다. 도보 10분이라던 초등학교까지 언덕 세 개와 신호등 두 개를 지나야 하고, '신축 아파트'임에도 층간 소음과 주차 문제는 오히려 더 심하다. "그래도 신축이잖아"라며 자신을 달래다 보면 깨닫게 된다.

'다음엔 절대 이러지 말아야지….'

이 책은 그런 당신을 위해 쓰였다. 내 집을 마련하는 일은 단순한 소비가 아니다. 삶의 터전을 결정짓는 일생일대의 선택이다. 아무도 당신을 위해 완벽한 집을 골라주지 않는다. 부모님도, 부동산 전문가도, 유튜브 알고리즘도 아니다. 오직 본인 스스로가 공부하고 경험하며 발품을 팔아야 한다.

프롤로그

내집마련 첫걸음 제대로 하려면
어디서부터 시작해야 할까?

많은 사람이 '돈이 모이면 그때부터 알아보자'라고 생각한다.
하지만 나는 반대로 조언하고 싶다.

"돈보다 먼저 '지역'을 정하라."

이 말이 뜬구름 잡는 얘기로 들릴 수도 있다. 하지만 내가 언젠가 살고 싶은 지역을 지금부터 관찰하고 알아가는 것만으로도 '부동산 감각'은 기하급수적으로 향상된다.

지역을 정하고, 가용 금액을 꾸준히 늘리다가, 목표로 했던 집이 나오면 누구보다 빠르게 낚아채야 한다. 좋은 집이 나왔다는 소식을 듣고도 고민이란 걸 하며 주저해선 안 된다. 그러면, 결국 다른 사람에게 뺏기게 된다.

집이 다이소에 있는 공산품이라면 입고될 때까지 기다리면 되지만, 최상의 조건을 가진 집은 다시 입고되는 상품이 절대 아니다.

좋은 집이라는 상품은 귀하고 한정적이다.

이 책을 수시로 보면서 훈련해보자. 저자는 내 집을 최고로 잘 사는 행운이 얼마나 행복한 일인지 잘 아는 사람이다. 그 행복을 여러분과 나누기 위해 이 책을 썼다.

밖으로 임장 나가고 싶은 충동을 억누르며 이 책을 썼던 수만 시간의 정성이 어떤 한 가정의 웃음꽃으로 피어나길 기원하면서.

청춘은 인생의 봄이며 (톨스토이)

자신의 길을 찾아가는 시간이다. (니체)

청춘은 가능성의 또 다른 이름이며 (헤르만 헤세)

모든 것이 시작되는 때다. (알베르 카뮈)

그래서, 청춘은 무한한 용기가 필요하다. (마크 트웨인)

차례

프롤로그 청춘 같은 내 집, 당신도 가질 수 있습니다 ⋯ 4

1장

서울대급 내집마련을 위한 첫걸음 '마음먹기에 달렸다'

"집은 싸게 사는 게임이 아니라 제대로 사는 게임이다"

내집마련 첫걸음 001	경제는 매년 안 좋고, 내 주머니엔 항상 돈이 없다	⋯ 16
내집마련 첫걸음 002	돈이 없다면 생각을 바꿔 선택의 폭을 넓혀라	⋯ 19
내집마련 첫걸음 003	집값이 떨어진다는데, 내집마련 해도 될까?	⋯ 22
내집마련 첫걸음 004	부동산에도 잭팟이 터질까?	⋯ 27
내집마련 첫걸음 005	부동산 공부는 처음이라	⋯ 29
내집마련 첫걸음 006	집은 싸게 사는 게임이 아니라 제대로 사는 게임이다	⋯ 32
내집마련 첫걸음 007	시장 예측은 어렵지만 흐름은 읽을 수 있다	⋯ 35
내집마련 첫걸음 008	남들 돈 버는 거 보고도 여전히 대출이 무섭다면	⋯ 38
내집마련 첫걸음 009	내집마련 할 때 조심해야 할 감정 3가지	⋯ 41

내집마련 첫걸음 010	월세 살아도 '집주인 마인드'가 필요한 이유	⋯ 44
내집마련 첫걸음 011	집을 자산으로 보는 사람 vs 단순히 사는 곳으로 보는 사람	⋯ 46
내집마련 첫걸음 012	돈의 흐름을 보려면 동네 은행에 가보라	⋯ 48
내집마련 첫걸음 013	모르는 동네에 가는 설렘과 기쁨	⋯ 50

2장

인생 역전 기회를 놓치지 마라. 좋은 집 찾는 법 20가지

"시간을 되돌린다면 25년 전 판교를 살 수 있을까?"

내집마련 첫걸음 014	데이터와 통계만으로 성공할 수 있을까?	⋯ 56
내집마련 첫걸음 015	시간을 되돌린다면 25년 전 판교를 살 수 있을까?	⋯ 59
내집마련 첫걸음 016	집은 왜 헌 집을 찾아야 할까?	⋯ 63
내집마련 첫걸음 017	역세권은 직접 보고 느끼면서 선 긋기 나름	⋯ 66
내집마련 첫걸음 018	점점 편해지는 손품 기술, 그럴수록 빛나는 발품 기술	⋯ 69
내집마련 첫걸음 019	간판만 봐도 알 수 있는 알짜배기 부동산 중개업소 찾기	⋯ 72
내집마련 첫걸음 020	이런 '공사'를 하고 있다면 주의깊게 볼 것	⋯ 78
내집마련 첫걸음 021	뉴스를 그대로 믿다니! 모든 정보는 해석이 필요하다	⋯ 81
내집마련 첫걸음 022	평생 한 번 쓸 수 있는 '생애최초대출' 제대로 활용하기	⋯ 84
TIP	한눈에 확인하는 대출 정보	⋯ 86
내집마련 첫걸음 023	길치도 단번에 기억하는 동네 구분법	⋯ 88
내집마련 첫걸음 024	부동산 시장에 부는 유행, 탑승에도 공부가 필요하다	⋯ 92
내집마련 첫걸음 025	좋은 동네에서도 좋은 집은 따로 있다	⋯ 95
내집마련 첫걸음 026	매주 발표되는 부동산 정보는 ○○에서 확인	⋯ 98

내집마련 첫걸음 027	재개발과 재건축의 차이? 모아타운과 가로정비는 또 뭐지?	··· 103
내집마련 첫걸음 028	아는 정보 확인 vs 모르는 정보 확인	··· 108
내집마련 첫걸음 029	번지르르한 겉모습에 속지 마라	··· 111
내집마련 첫걸음 030	집의 가치를 좌우하는 본질은 '감정평가'에서 나온다	··· 114
내집마련 첫걸음 031	눈치 보지 않고 실내를 구경하는 노하우	··· 117
내집마련 첫걸음 032	온라인에 올라오지 않은 보물 같은 숨은 매물 찾기	··· 120
내집마련 첫걸음 033	첫 집으로 반지하는 실패라는 편견을 버려라	··· 122

3장
첫 번째 내 집 후회 없이 매수하려면 반드시 이렇게 하라

"무조건 성공하는 내집마련을 위해 알아야 할 것"

내집마련 첫걸음 034	첫 집에 얼마를 투자해야 할까?	··· 126
내집마련 첫걸음 035	어떻게 해야 허위 매물에 속지 않을까?	··· 129
내집마련 첫걸음 036	매물 보러 갈 때 무엇을 준비해야 할까?	··· 132
내집마련 첫걸음 037	여긴 투기과열지역이라 대출이 까다로워요	··· 136
내집마련 첫걸음 038	집 사기 전에 이것도 안 보는 사람이 있다고?	··· 139
TIP 부동산 단어 이해하기		··· 145
내집마련 첫걸음 039	가계약금 넣기 전에 알고 있어야 할 것	··· 147
내집마련 첫걸음 040	계약서 작성 후 발생하는 하자는 누가 처리해야 할까?	··· 149
내집마련 첫걸음 041	갑자기 '급매'라고 전화 오면 계약하는 게 맞을까?	··· 152
내집마련 첫걸음 042	계약금과 중도금, 잔금 비율은 어떻게 정하는 게 유리할까?	··· 155
내집마련 첫걸음 043	내집마련 시 발생하는 비용에 대해	··· 158

내집마련 첫걸음 044	빚이라고 생각한 것이 수익의 빛이 되다	… 163
내집마련 첫걸음 045	대출받을 때 듣는 외계어 같은 이야기	… 166
내집마련 첫걸음 046	신용점수도 꾸준히 관리하면 눈에 띄게 오른다	… 170
TIP	부동산 공인중개소 사장님 유형별 대처법	… 172

4장

부동산 감각을 두 배로 키우고 좋은 집으로 갈아타는 기술 #갈아타기

"지금 살고 있는 집이 내 마지막 집일까?"

내집마련 첫걸음 047	주변에서 이런 집은 사는 거 아니래요	… 176
내집마련 첫걸음 048	개발의 미래를 알고 싶다면 아파트 브랜드를 파악하라	… 179
내집마련 첫걸음 049	공공청사가 갑자기 다른 곳으로 이전한다면?	… 183
내집마련 첫걸음 050	집의 무한한 가능성을 연결해주는 '도로'	… 185
내집마련 첫걸음 051	지금 살고 있는 집이 내 마지막 집일까?	… 189
내집마련 첫걸음 052	부동산 시장이 어떤 분위기일 때 갈아타야 성공할까?	… 192
내집마련 첫걸음 053	넓은 집이냐? 좋은 동네냐? 이것이 문제로다	… 194
내집마련 첫걸음 054	더 오를 가능성이 낮다는 신호 5가지	… 198
내집마련 첫걸음 055	내야 할 세금이 많아서 집을 못 팔겠어요	… 201
내집마련 첫걸음 056	당장 집을 안 팔더라도 '팔릴 준비'를 해야 하는 이유	… 203
내집마련 첫걸음 057	내 집의 가격을 정확히 파악하는 법	… 207

5장

내 집의 컨디션을 200% 올려서 관리하는 기술

"미운 오리 새끼를 백조로 만드는 법"

내집마련 첫걸음 058	집을 잘 관리하는 것 역시 '부동산 감각'이다	⋯ 212
내집마련 첫걸음 059	오래 보유할수록 집의 가치가 상승할까?	⋯ 215
내집마련 첫걸음 060	이 정도 하자는 그냥 살아도 괜찮을까?	⋯ 217
내집마련 첫걸음 061	풍수, 믿거나 말거나의 영역일까?	⋯ 220
내집마련 첫걸음 062	돈을 썼으면 티 나게 고쳐 집의 효율 높이기	⋯ 223
내집마련 첫걸음 063	살 곳을 넘어 수익을 내는 자산으로	⋯ 225

6장

손품과 발품으로 내게 딱 맞는 집 찾는 기술 _실전 임장 편

"인생의 청춘 같은 내집마련 하기 좋은 곳"

온라인에서 그 동네의 정보와 가치를 읽어내는 법 - 손품

내집마련 첫걸음 064	합정역, 투자자와 예술가 모두가 주목하는 곳	⋯ 231
내집마련 첫걸음 065	아현역, 뉴타운 성공사례의 교과서	⋯ 235
내집마련 첫걸음 066	마곡역, 강서의 끝자락에서 시작된 서울의 미래	⋯ 240

내집마련 첫걸음 067	우장산역, 안정성과 미래 가치를 갖춘 강서 개발의 마지막 퍼즐	··· 243
내집마련 첫걸음 068	서대문역, 서울 한가운데 숨겨진 투자자의 블루칩	··· 247
내집마련 첫걸음 069	연신내역, 3개 노선 환승의 프리미엄	··· 250
내집마련 첫걸음 070	망원역, 한강을 품은 서울 속 감성 충만 동네	··· 253
내집마련 첫걸음 071	광흥창역, 투자자만 아는 광흥창의 시간은 바로 지금이다	··· 257

현장의 냄새와 소리까지 기억해서 내 것으로 만드는 법 – 발품

내집마련 첫걸음 072	명일동, 강동구의 저평가된 기회의 땅	··· 262
내집마련 첫걸음 073	자양동, 지금 사지 않으면 후회할 동네	··· 269
내집마련 첫걸음 074	수원 영통, 여전히 유망주인 수원의 강남	··· 276
내집마련 첫걸음 075	광명통합 3구역 vs 구축 아파트, 부동산 공부의 교과서	··· 280
내집마련 첫걸음 076	하남 망월동(미사), 서울에 가까이 닿는 서울을 닮은 도시	··· 287
내집마련 첫걸음 077	상도동, 흑석뉴타운의 다음 물결	··· 292

| '내집마련 첫걸음' 쿠키 | ··· 297 |
| **에필로그** "내 인생에서 부동산의 최종 목적지는 강남 아파트에 사는 것일까?" | ··· 300 |

"집은
싸게 사는 게임이 아니라
제대로 사는 게임이다"

#마인드

1장

서울대급 내집마련을 위한 첫걸음 '마음먹기에 달렸다'

내집마련 첫걸음 001

경제는 매년 안 좋고, 내 주머니엔 항상 돈이 없다

한국의 부동산 시장은 같은 패턴이 반복됐다.

경제가 어렵다, 부동산은 이제 끝났다, 더 이상 오르지 않는다는 말이 반복되었다. 하지만, 결국 부동산 가격은 계속 올랐다.

경제가 좋았던 적이 언제였을까? 사실 좋았던 시기가 있었을 거다. 하지만 우리는 항상 나빴다고 기억한다. 인간의 심리는 좋았던 것보다 나빴던 것을 더 선명하게 기억하기 때문이다.

"경제는 매년 안 좋았고, 내 주머니엔 항상 돈이 없다."

이 말이 매번 반복되는 상황이라면, 이제는 그 속에서 답을 찾아야 한다.

경기와 상관없이 돈을 버는 사람들은 계속해서 돈을 벌었다. 그들이 파악한 규칙은 무엇일까? 부동산 시장의 흐름에는 분명한 패턴이 있다. 정부 정책, 경기 변동, 인구 이동, 금리 변화 등이 일정한 사이클로 반복되며 부동산 가격에 영향을 준다.

IMF, 글로벌 금융위기, 2020 팬데믹 등 경제적 위기가 찾아올 때마다 사람들은 이제 부동산은 끝났다고 말했다. 하지만 그때마다 부동산을 매입한 사람들은 몇 년 후 큰 수익을 얻었다. 위기의 순간이 바로 기회였다.

정부의 규제가 강화될 때마다 부동산 가격은 더 이상 오르지 않을 거라는 뉴스가 나온다. 하지만, 결과적으로 규제는 일시적인 효과만 줄 뿐 장기적인 상승 추세를 막지 못했다. 오히려 규제로 인해 공급이 제한되면서 가격 상승을 더 부추기는 결과를 가져왔다.

성공적으로 부동산을 매수하는 이들은 이러한 패턴을 읽고, 남들이 두려워하는 시기에 매수할 수 있는 용기를 가졌다. 그들은 단기적인 뉴스 헤드라인에 휘둘리지 않고, 장기적인 관점에서 시장의 흐름을 분석했다.

경제가 어렵고 주머니에 돈이 없다고 느끼는 지금, 우리는 과거의 패턴을 통해 미래를 예측할 수 있다. 지금의 위기가 또 다른 기회의 시작일지, 이번에는 정말 다른 위기일지, 과거의 패턴을 분석해보면 판단이 될 것이다.

부동산 정책은 항상 규제 - 완화 - 규제의 사이클로 반복된다.

집값이 많이 오르면 정부는 대출 규제, 세금 강화, 분양가 상한제 등 각종 규제를 내놓는다. 이때 부동산 시장은 '일시적으로 침체되고 부동산은 끝났다'라는 말이 나온다. **(규제 강화 시기)**

그리고, 규제로 인해 시장이 멈춘 거 같을 때 정부는 다시 규제를 완화한다. 대출 기준을 낮추거나, 세금 혜택이 생기거나, 각종 지원 방법이 등장한다. **(규제 완화 시기)**

완화 후에는 억눌렸던 수요가 한꺼번에 몰리면서 가격이 다시 상승한다. 그러면 다시 규제가 생기고, 완화하고, 상승하고… 이 사이클이 반복된다.

부동산 공부는 '시기성'으로 접근하지 말고 거시적으로 바라봐야 한다.

 내집마련 첫걸음

부동산에서 성공하는 비결은 남들과 다른 생각을 하는 용기, 통찰력에 있다. 경제 환경이 어려워도 그 속에서 기회를 발견하는 사람들은 항상 있었다.

경기와 상관없이 돈을 버는 사람들은 계속해서 돈을 벌었다. 그들이 파악한 규칙은 무엇일까? 부동산 시장의 흐름에는 분명한 패턴이 있다. 정부 정책, 경기 변동, 인구 이동, 금리 변화 등이 일정한 사이클로 반복되며 부동산 가격에 영향을 준다.

IMF, 글로벌 금융위기, 2020 팬데믹 등 경제적 위기가 찾아올 때마다 사람들은 이제 부동산은 끝났다고 말했다. 하지만 그때마다 부동산을 매입한 사람들은 몇 년 후 큰 수익을 얻었다. 위기의 순간이 바로 기회였다.

정부의 규제가 강화될 때마다 부동산 가격은 더 이상 오르지 않을 거라는 뉴스가 나온다. 하지만, 결과적으로 규제는 일시적인 효과만 줄 뿐 장기적인 상승 추세를 막지 못했다. 오히려 규제로 인해 공급이 제한되면서 가격 상승을 더 부추기는 결과를 가져왔다.

성공적으로 부동산을 매수하는 이들은 이러한 패턴을 읽고, 남들이 두려워하는 시기에 매수할 수 있는 용기를 가졌다. 그들은 단기적인 뉴스 헤드라인에 휘둘리지 않고, 장기적인 관점에서 시장의 흐름을 분석했다.

경제가 어렵고 주머니에 돈이 없다고 느끼는 지금, 우리는 과거의 패턴을 통해 미래를 예측할 수 있다. 지금의 위기가 또 다른 기회의 시작일지, 이번에는 정말 다른 위기일지, 과거의 패턴을 분석해보면 판단이 될 것이다.

부동산 정책은 항상 규제 - 완화 - 규제의 사이클로 반복된다.

집값이 많이 오르면 정부는 대출 규제, 세금 강화, 분양가 상한제 등 각종 규제를 내놓는다. 이때 부동산 시장은 '일시적으로 침체되고 부동산은 끝났다'라는 말이 나온다. **(규제 강화 시기)**

그리고, 규제로 인해 시장이 멈춘 거 같을 때 정부는 다시 규제를 완화한다. 대출 기준을 낮추거나, 세금 혜택이 생기거나, 각종 지원 방법이 등장한다. **(규제 완화 시기)**

완화 후에는 억눌렸던 수요가 한꺼번에 몰리면서 가격이 다시 상승한다. 그러면 다시 규제가 생기고, 완화하고, 상승하고… 이 사이클이 반복된다.

부동산 공부는 '시기성'으로 접근하지 말고 거시적으로 바라봐야 한다.

 내집마련 첫걸음

부동산에서 성공하는 비결은 남들과 다른 생각을 하는 용기, 통찰력에 있다. 경제 환경이 어려워도 그 속에서 기회를 발견하는 사람들은 항상 있었다.

내집마련 첫걸음 002

돈이 없다면
생각을 바꿔 선택의 폭을 넓혀라

"돈이 없어서 독립을 못해요."

"돈도 없는데 어떻게 내 집을 사요?"

"내 집이 꼭 필요힌가요? 전월세나 임대주택에 살아도 되지 않아요?"

이런 생각으로 살아왔다면 지금이라도 생각을 바꾸길 바란다.

살아가면서 내 집은 꼭 필요하다. 당장 크고 비싸고 남들이 부러워하는 집일 필요는 없다. 하지만, 언젠가 내가 들어가 온전히 쉴 수 있는 나만의 집 하나쯤은 반드시 있어야 한다.

물론 전월세 계약을 한 집이나 임대주택도 나쁘지 않다. 하지만 그건 집을 마련하기 전 대안일 뿐 최종 목적지가 될 수 없다. 내 소유가 아닌 집에 거주할 경우에 전월세는 갱신(계약 연장)이 안 될 수 있고, 임대주택은 조건에 맞지 않으면 바로 나와야 하거나 자격에서 탈락한다.

이런 불확실한 상황 속에서 내 집 하나 있다는 건 주거 불안정을 해결하는 최고의 선택이다. 그래서 돈이 없다면 더더욱 내 집이 필요하다. 10년 동안 지출한 월세로 조금만 다른 선택을 했더라면, 내 이름으로 된 집 한 채를 가질 수 있었다는 걸 늦지 않게 깨달았으면 한다.

돈이 없어서 집을 못 산다?

돈이 없으면 무엇이든 살 수 없는 것이 당연하다. 그런데 반은 맞고 반은 틀리다. 집은 마트에 가서 물건 사듯 쇼핑하는 일반적인 구매랑 다르다. 무조건 내 돈 100%로 사야 하는 것이 아니고, 어떻게 구매할 것인지 방법에 따라 내집마련까지 다양한 길이 열려 있다.

직장에 다니면서 대출을 받거나, 첫 주택 구매로 생애최초대출을 받을 수도 있다. 그리고 경매 물건 중 좋은 물건을 찾아 주변 시세보다 저렴하게 낙찰받는 방법도 있다.

물론 이런 방법들에도 조건은 있다. 나에게 맞는 현실적인 대출 한도, 감당할 수 있는 월 상환금액, 주택 규모, 위치 등 모든 걸 계산해서 계획적으로 구매해야 한다.

여기서 핵심은 '돈이 없어서 못 산다'가 아니라 '방법을 몰라서 못 산다'는 것이다.

내집마련을 할 때 가장 먼저 바꿔야 하는 건 '생각'이다. 내 집은 필요한 게 맞고, 대출은 나쁜 게 아니다. 목적 없는 대출은 위험하지만 자산을 만들기 위한 대출은 능력이고 전략이다. 돈을 빌려서 집을 사고, 그 집에 살면서 월세 대신 원금을 갚아가면 된다.

생각을 조금만 바꾸면 집을 보는 관점도, 돈을 다루는 방법도 완전히 달라진다. 집은 돈 많은 사람만 살 수 있는 게 아니다. 방법을 아는 사람이 먼저 사고, 더 많이 살 수 있다.

당신이 집을 사기로 마음먹었다면, 지금 당장 해야 할 것은 "내가 내집마련을 할 수 있는 방법은 무엇일까?"를 찾는 것이다. 그게 내집마련의 첫걸음이다.

 내집마련 첫걸음

현실에서 현금 100%로 집을 살 수 있는 사람은 거의 없다. 대부분은 대출을 받아 첫 집을 산다. 이들의 차이점은 생각밖에 없다.
'용기 있게 대출을 받을 수 있는가, 그리고 감당할 수 있는가.'

내집마련 첫걸음 003

집값이 떨어진다는데, 내집마련 해도 될까?

대학 진학률은 떨어져도 서울대는 가고 싶은 이유

부동산 가격은 오를 때도 있고, 하락할 때도 있다.

그러나 2년간 집값이 올랐다가 3개월 정도 하락하는 패턴이 반복되면, 사람들은 2년간 오른 것은 잊어 버리고 3개월 동안 하락한 것을 심각하게 생각한다. 심리적으로 손실에 더 민감하게 반응하기 때문이다. 그래서 집은 계속 하락한다고 생각하고, 결국 내집마련의 기회를 놓친 것에 안도하게 된다. 하지만, 하락 시기에 안도했던 그 마음이 상승장에선 달라진다.

하락과 상승 몇 %, 이런 건 단순한 숫자적 통계일 뿐 개별 집의 가치를 정확히 반영한 게 아니다. 각각의 집마다 상황이 다른데, 이를 통으로 묶어서 '집 가격이 떨어졌네, 상승했네' 하고 판단하는 건 어리석은 일이다.

통계는 숲만 보게 만들지만, 실제로 중요한 것은 그 숲속의 나무들이다. 서울 평균 집값이 하락했다 해도 송파구의 특정 단지는 오르고, 지방 평균 가격이 상승했다 해도 특정 낙후 지역은 계속 하락한다.

단순한 통계만 보고 부동산 구매 결정을 내리는 것은 마치 전체 대학 진학률만 보고 모든 대학의 가치를 판단하는 것과 같다.

요즘 대학 진학률은 전체적으로 낮아졌다. 국내 대학 진학 학생 수도 줄고, 대학에 가지 않고도 자신의 길을 찾을 수 있는 다양한 방법이 생겼기 때문이다. 그렇다고 해서 모든 대학의 입학 경쟁률이 낮아진 것은 아니다. 여전히 서울대, 연세대, 고려대와 같은 명문대학은 치열한 경쟁률을 유지하고 있다. 매년 지원하는 학생들은 몰리고, 입학하기는 여전히 어렵다.

부동산도 마찬가지다. 전체적으로 부동산 시장은 어려워도 각 지역의 '서울대'급 집들은 여전히 수요가 높다. 입지가 좋고, 교통이 편리하며, 교육 환경이 우수한 지역의 집들은 항상 사람들이 찾는다. 그런 집들은 부동산 시장이 어렵다 해도 가치를 유지하고, 부동산 시장이 회복될 때 가장 먼저 빠르게 상승한다.

그렇다면, 서울대급의 집을 찾는 방법은 무엇일까?

단순히 비싼 집을 말하는 게 아니다. 동네 안에서 상징적이고 본질적 가치가 높은 집을 봐야 한다. 입지, 희소성, 상징성, 성장성을 모두 고려한 '동네 안에서의 서울대'를 찾는 것이다.

1. 역세권 반경 안에서 원 탑 찾기

서울대는 국내 대학교 중에서 원 탑^{One Top}이다. 집으로 비유하면 동네 안에서 교통, 학군, 인프라, 자연환경이 동시에 우수한 집을 말한다.

찾는 방법
- 네이버 지도에서 역 중심 반경을 500m~1km로 설정한 후 반경 안에서 교통, 학군, 인프라, 자연환경 등이 교집합되는 지점을 찾는다.
- 이 교집합 안에 있는 단지 내 로열 세대, 구조가 우수한 세대가 그 동네의 서울대다.

2. 희소성과 브랜드의 합

'서울대는 최고의 명문대 = 대체 불가능 = 대체 불가능한 집'
　대체 불가능한 집은 그 동네에서 하나뿐인 고급단지, 유명 브랜드 건설, 특화설계 등을 말한다. (예를 들어, 리모델링 되거나 준신축급 이상의 주택, 한강뷰 프리미엄 한정 등)

찾는 방법
- 부동산 매물 플랫폼에서 '이 집은 왜 비싸지?'와 같이 궁금증을 유발하는 집
　(이유 없이 금액만 높게 책정해서 올린 집은 제외)
- 공급 물량이 적고 대체 매물이 없으며 브랜드가 강한 집

3. 커뮤니티 내 인지도 및 상승성

'서울대를 졸업하면 누구나 인정함 = 그 집도 말만 하면 누구나 아는 대표적인 집'

그 동네에서 "저기 ○○아파트 알지?"라고 말하면 단번에 알아듣고 통하는 랜드마크 격인 집을 말한다.

예를 들어, 처음으로 재건축하고 있는 1호 단지, 최고의 커뮤니티를 형성한 단지, 지하철역의 출구와 아파트 입구가 연결된 아파트, 그리고 이 3가지 예시처럼 변신할 수 있는 저층 주택들이 있다.

찾는 방법
- 로컬 부동산 공인중개사에게 "이 동네에서 대표 단지(1순위)는 어디인가요?"라고 물어보면 나오는 집
- 지인, 주민, 택시기사 등에게도 통하는 인지도 높은 집(택시기사에게 "○○아파트 가주세요"라고 했을 때 긴 설명이 필요없는 아파트)

4. 시간이 지나도 가치를 잃지 않는 미래 가능성을 가진 집

'서울대는 지금도 좋지만, 10년 뒤에도 좋음 = 미래 가능성을 가진 집'

향후 정비 예정이거나 지역이 뜨면 같이 뜰 입지 잠재력이 우수한 단지를 말한다. 주변이 재개발 중이고 이미 정비구역이 지정된 곳, 상권이 스며들고 있는 동네를 찾으면 된다. (예를 들어, 2018년 성수전략정비구역 및

뚝도청춘시장)

찾는 방법
- 국토종합계획(제4, 5차 계획), 토지이음 등을 참고해 정비계획 중첩지역을 찾아보자. 현재 보이는 가치보다 미래 가능성이 큰 입지의 주택을 찾는 것이 핵심이다.

이런 서울대급 집들은 단기적인 시장 변동에 덜 민감하다. 부동산 시장이 전체적으로 하락하더라도 가치가 크게 떨어지지 않는다. 반면에 저렴한 가격만 보고 매수한 부동산은 하락장에서 롤러코스터를 탄 듯 급강 하락을 경험하게 된다.

 내집마련 첫걸음

집값이 떨어진다는 뉴스에 너무 민감하게 반응하지 말자. 장기적인 관점에서 서울대급 집을 찾는 안목을 기르는 게 중요하다. 그리고 나에게 맞는 서울대급 집을 찾았다면, 단기적인 시장 변동에 일희일비하지 않고 매수를 결정하는 용기가 필요하다.

내집마련 첫걸음 004

부동산에도 잭팟이 터질까?

기회를 알아보는 눈

부동산에도 잭팟jackpot이 터질 수 있을까?

답은 '그렇다.' 하지만 부동산 잭팟은 카지노의 그것과 본질적으로 다르다. 단순한 운이 아니라 준비된 사람에게 찾아오는 기회에 가깝다.

부동산에서 말하는 잭팟은 생각보다 다양하다. 모르고 샀는데 갑자기 개발이 잘된 것만이 아니다. 모르고 샀든 알고 샀든 그대로 진도가 빠르게 진행되면 분명한 잭팟이다. 개발 진도가 잘 나간다는 것은 조합원들이 협조를 잘하고, 정부 허가도 순조롭게 나온다는 뜻이다.

이런 것들은 모두 예측하기 어려운 변수들이다. 계획대로 되는 것만으로도 충분히 잭팟인 셈이다.

개발 관련 잭팟

- 예상보다 빠른 개발 진행 속도
- 갑작스러운 대규모 개발계획 발표
- 유동 인구를 늘려줄 역 신설
- 예상보다 높은 보상금(예상보다 높은 집의 가치평가)
- 이주비나 임시거주비 지원 확대

시장 변화 잭팟

- 해당 지역이 핫플레이스로 부상
- 대기업 사옥 이전으로 인한 인구 유입
- 주변 인프라의 빠른 완성
- 임대 수요 급증으로 인한 수익률 상승
- 청년층 일자리와 젊은 인구 유입

 내집마련 첫걸음

부동산 잭팟은 복권처럼 누구에게나 오는 게 아니다. 정보를 수집하고 지역을 연구하고 시장을 관찰하는 사람들에게 온다. 물론 운도 작용하지만, 기본적인 준비가 되어 있어야 그 운을 잡을 수 있다.

내집마련 첫걸음 005

부동산 공부는 처음이라

학력과 상관없이 겨루는 세계

'학교 다닐 때 공부를 안 했는데.'
'암기 실력이 좋지 않아서.'
'책상에 앉아서 공부할 만큼 체력이 없는데.'

이런 생각 때문에 부동산 공부를 머뭇거리고 있는 사람이라면 바로 부동산 공부를 시작해도 된다. 머뭇거리는 이유가 부동산 공부와는 1%도 상관없는 고민이기 때문이다.

1. 학교 다닐 때 공부를 안 했는데

학교에서 배우던 공부와는 다른 개념의 공부다. 수학 공식이 필요하지 않고 알맞은 문법을 요구하는 것도 아니다. 학생 때 하던 공부와 부동산 공부의 가장 큰 차이점은 정답의 유무라고 할 수 있다. 학창 시절에는 시험을 잘 보기 위해 정답을 외우고 골라야 하는 선택지였다면, 부동산에서는 없었던 정답을 찾아내거나 만들어야만 하는 선택지다.

2. 암기 실력이 좋지 않아서

암기 실력이 좋으면 도움은 될 수 있다. 그러나 암기 실력이 없다고 해서 포기할 필요가 없다. 부동산은 정책, 규정 등 지켜야 하는 규칙이나 순서가 있다. 하나하나 외우고 이를 지키려고 하다 보면 오히려 역효과가 난다. 부동산 시장에서는 과거에 이렇게 했지만, 앞으로 저렇게 하는 게 가능하다. 부동산 시장은 매 순간 변화하고 있다. 이에 맞춰 부동산 규정 또한 변화하기 때문에 즉각적으로 판단하고 대처할 수 있는 유연한 자세가 필요하다.

3. 책상에 앉아서 공부할 만큼 체력이 없는데

부동산 공부는 앉아서 하는 공부가 아니다. 종일 앉아서 책을 읽고 분석하는 수능이나 자격증 공부가 아니다. 앉아 있을 시간에 나가서 둘러보고 동네를 익히는 것이 부동산 감을 잡는 데 도움이 된다. 책상 앞에 앉아서 책이나 강의로만 오래 공부한 사람과 현장에 나가 부딪히며 겪은 사람은 부동산 시장에서 경험치의 차이를 분명히 드러낼 것이다.

부동산에서는 남의 기술이 나의 기술이 될 수 없다. 잠시 그 기술을 나에게 입력할 수는 있지만 출처는 온전히 남에게 있다. 갑작스럽게 예상 밖의 상황이 생기면 대처할 수 있는 나만의 기술이 있어야 한다.

가만히 앉아 눈과 귀로만 공부하려 하지 말고 직접 나의 기술로 만들기 위해 움직여야 한다.

 내집마련 첫걸음

부동산 공부를 잘하는 사람은 누구일까? 전교 1등을 해본 사람일까? 수학을 잘하는 사람일까? 암기를 잘하는 사람일까? 모두 아니다. 부동산은 지식 많은 사람이 이기는 세계가 아니다. 유연한 사고로 부동산을 판단하는 나만의 기술을 만들어보자.

내집마련 첫걸음 006

집은 싸게 사는 게임이 아니라
제대로 사는 게임이다

가장 싸게 사려고 계속 미루는 사람들

어떤 상품을 구매할 때 같은 제품이라면 다른 사람보다 싸게 사는 것이 이익이다. 부동산 투자에 있어서도 가장 기본이 되는 기술이다. 하지만 이때 '제대로 사는 게 더 중요하다는 점'은 간과하고 있다.

부동산 가격이 하락한다는 뉴스가 매년 나온다.
사람들은 조금만 더 있으면 가격이 더 내려간다고 생각하게 된다. 그래서 최저점에 도달하면 그때 집을 사든지 아니면 평생 무주택자로 살겠다고 결심한다.
그러나 부동산 가격의 바닥 시점을 정확히 예측하는 것은 부동산 투자 전문가들도 어려운 일이다. 오히려 완벽한 타이밍을 기다리다 매수하기 좋은 기회를 놓치는 경우가 많다.

1997년(IMF), 2008년(금융위기), 2020년(팬데믹) 등 매번 이제 부동산은 끝났다는 전망이 나왔지만, 좋은 입지의 부동산은 가치를 유지하거나 가파르게 상승했다.

집을 사지 않고 내려가길 기다리는 동안에도 주거비용은 계속 지출된다. 월세로 사는 사람은 매달 월세를 지불하고, 전세로 사는 사람은 그 돈(전세 보증금)을 은행에 넣어 두었다면 받았을 이자를 포기하고 있는 셈이다. 실제로 돈이 안 나가는 것 같아도, 잠재적으로는 비용을 지불하는 것이다.

더 안타까운 건 그렇게 망설이는 사이, 정말 좋은 위치와 조건을 가진 집들이 다른 사람들에게 팔려 나간다는 점이다.

왜 자꾸 좋은 부동산을 놓치는가?
부동산에서는 입지가 핵심

좋은 입지는 한정되어 있다. 조금이라도 서렴하게 살 욕심 때문에 결정을 미루다가 나와 잘 맞는 최상의 입지를 놓치는 경우가 많다.

이렇게 입지의 중요성을 생각해보면 집은 단순히 가격만 보고 결정할 문제가 아니다. 입지를 보고 그 입지에 맞는 가격이라면 당장 사는 게 맞다. 입지가 좋은 곳은 경기가 안 좋을 때도 가치가 크게 떨어지지 않고, 경기가 회복되면 가장 먼저 가격이 상승한다. 교통, 학군, 인프라가 잘 갖춰진 곳은 언제나 수요가 있기 때문이다.

사실 나는 뼈아픈 경험을 한 적이 있다. 나도 처음부터 고수는 아니었다. 초보 시절 종잣돈이 없다는 이유로 각각의 부동산을 싸게 사는 것에만 치중해서 중요한 것을 뒤로 미룬 채 가격이 저렴한 물건만 샀다.

그런데 시간이 지나고 보니, 당시에 조금만 더 방법을 찾아내서 입지가 좋은 물건을 샀다면 훨씬 가치 있는 부동산을 가질 수 있었을 텐데 하는 후회가 들었다. 결국 싼 물건을 샀더니 '비지떡'이 되었다. 비싸 보였던 좋은 입지의 집은 가치가 빠르게 올랐는데, 싼 집은 살 때도 저렴했고 현재도 저렴한 모습을 벗어나지 못한 채 세월이 흐르고 있다.

지금껏 많은 부동산을 사고 팔고, 시행착오를 겪으면서 현장 수업료를 치른 덕분에 말할 수 있다. 타인의 경험에서 배우고 현명한 선택을 하길 바란다.

"싸게 사는 것보다 제대로 사는 것이 중요하다."

내집마련 첫걸음

무리해서 감당하기 어려운 집을 사라는 것이 아니다. 자신의 재정 상황 안에서, 입지가 좋고 미래 가치가 보이는 집을 선택하라. 완벽한 타이밍을 기다리기보다 살 만한 가격에 살 만한 가치가 있는 집을 찾는 것이 진정한 부동산 투자의 지혜다.

내집마련 첫걸음 007

시장 예측은 어렵지만 흐름은 읽을 수 있다

뉴스보다 더 중요한 현장 이야기

부동산에서 말하는 예측은 '부동산 시장의 흐름을 읽고, 그 흐름을 바탕으로 이 동네는 앞으로 이런 식으로 흘러갈 것이다'라고 판단하는 것이다.

이것은 숫자, 네이버, 평균 같은 것으로 하는 게 아니다. 각각 그 동네의 현장을 직접 봐야 하는 일이다.

서울이라고 다 같은 서울이 아니고, 강서구라고 다 같은 강서구가 아니다. 강서구에서도 동네마다 골목마다 다르다.

그런데 뉴스에서 서울 집값이 내려갔다고는 말해도 그게 정확히 어느 구의 어느 동네인지는 말하지 않는다. 정작 집값이 오른 동네도 있는데 말이다. 문제는 사람들이 그 뉴스를 그대로 믿고 서울의 모든 동네 집값이 내려갔다고 생각한다는 것이다.

또는, 부동산 뉴스를 볼 때마다 헷갈린다.

"서울 집값 하락이라고 하는데, 우리 동네는 왜 계속 오르는 걸까?"
"전국 아파트 거래량 감소라고 하는데, 왜 옆 단지는 매물이 금세 팔리는 걸까?"

뉴스에서 말하는 부동산 시장과 내가 체감하는 현실 사이에는 묘한 괴리가 있다. 마치 날씨 예보에서 전국적으로 비 소식이라고 했는데 우리 동네만 맑은 하늘일 수 있는 것과 같다.

부동산 시장은
어디로 흘러가는 걸까?

정확한 예측은 불가능하지만 적어도 내가 관심 있는 지역의 흐름은 읽을 수 있다. 문제는 대부분의 사람들이 뉴스에만 의존한다는 것이다. 자세히 살펴보지 않고 헤드라인만 보고 짐작하는 사람들이 빠지기 쉬운 뉴스의 함정이다.

'서울 아파트값 3개월 연속 하락'이라는 뉴스가 보도되었다고 가정해보자. 이 뉴스를 본 사람들은 '서울 전체가 다 떨어지는구나' 하고 생각한다.

하지만 강남 일부 지역은 여전히 상승하고, 강북 일부 지역은 정체, 강서 일부 지역만 하락했을 수 있다. 평균을 내니 하락이라는 값이 나왔을 뿐이다. 평균이라는 건 개별 동네의 실상을 가려 버린다.

어떻게 해야
진짜 흐름을 읽을 수 있을까?

답은 현장에 있다. 실제로 관심 있는 동네에 직접 가서 보고, 듣고, 느껴야 한다. 현장은 뉴스보다 정확한 정보를 준다.

개발 현장에 직접 가는 것도 좋다. 공사가 활발하게 진행되고 있는지, 아니면 중단되었는지, 진행 속도는 어떤지 확인해야 한다.

데이터나 통계가 틀린 건 아니다. 다만 그것은 현장에서 느낀 것을 검증하는 자료일 뿐이다. 데이터나 통계는 과거의 시간이고 우리가 알아야 하는 건 미래의 흐름이다.

한 동네가 뉴스에 침체지역으로 나왔지만, 내가 찍어둔 현장을 가보면 지하철 공사를 하고 있거나 대형 쇼핑몰이 들어오는 걸 볼 수 있다. 뉴스만 믿었다면 놓쳤을 것이다. 또는, 뉴스에 계속 호재라 했는데 현장에 가보니 개발계획이 지연되거나 취소되는 경우도 있다. 개발 호재 하나만 보고 투자했다면 낭패였을 것이다.

 내집마련 첫걸음

> 부동산 시장 예측은 정말 어렵다. 하지만 흐름은 읽을 수 있다. 현장으로 가보자. 컴퓨터 앞에 앉아서 보는 데이터와 TV 뉴스만으로는 절대 알 수 없는 것들이 현장에 가득하다.

내집마련 첫걸음 008

남들 돈 버는 거 보고도
여전히 대출이 무섭다면

'영끌'과 '무리한 투자'의 차이점

  많은 사람들이 '영끌'과 '무리한 투자'를 같은 개념이라 생각한다. 하지만 이 둘은 분명히 다르다.

  '영끌'은 영혼까지 끌어모아 내 상황 안에서 가능한 최대의 레버리지를 활용하는 것이다. 반면 '무리한 투자'는 내가 감당할 수 없는 상황까지 몰아가며 투자하는 것이다.

  이 둘을 혼동하면 안 된다.

  부동산 시장에서는 집 하나하나가 중요한 기회다.

  지금 이 시점에 꼭 이 집을 사야 한다고 판단된다면 '영끌'하는 것이 때로는 용기 있고 현명한 결정이 될 수 있다.

  하지만 같은 '영끌'이라도 철저한 계획과 준비 여부에 따라 결과는 달라진다. 성공적인 '영끌'과 위험하고 '무리한 투자'를 구분하는 핵심은 계획과 준비다.

- 대출은 재테크 수단일 뿐, 그 자체가 목적이 되어서는 안 된다.
- 상환 계획이 먼저다. 대출을 받기 전에 어떻게 갚을 것인가에 대한 답을 가지고 있어야 한다.
- 혹시 모르는 최악의 상황을 대비한다. 금리 상승, 소득 감소, 공실 등 최악의 시나리오까지 가정해본다.
- 부동산은 장기투자다. 일시적인 변동에 일희일비하면 멘탈이 흔들린다.

나에게 적정한 대출 규모 판단하기

1. 월 소득 대비 대출 이자

- 월 소득의 30% 이하 (안전)
- 월 소득의 30~50% (경계)
- 월 소득의 50% 이상 (위험)

2. 여유자금 보유

- 6개월 이상의 생활비와 대출 이자 보유 (안전)
- 3~6개월의 생활비와 대출 이자 보유 (적정)
- 3개월 미만의 생활비와 대출 이자 보유 (주의)
- 여유자금 없음 (위험)

3. 금리 상승 대비

- 현재 금리에서 2% 상승해도 감당 가능 (안전)
- 현재 금리에서 1% 상승해도 감당 가능 (적정)
- 현재 금리에서 0.5 % 상승 시 부담 (주의)
- 현재 금리도 부담 (위험)

4. 소득 안정성

- 고정 수입이 안정적 (안정)
- 고정 수입 있으나 소득이 낮음 (적정)
- 프리랜서로 꾸준한 일이 있음 (주의)
- 소득이 불안정하거나 휴직인 상황 (위험)

📋 나의 상황 분석해보기

- 대부분 '안전'과 '적정'이면 '영끌' 고려 가능한 상황
- 주의가 2개 이상이면 '영끌'보다 조금 더 보수적인 접근 필요
- 위험이 있다면 투자 계획 재검토 필요

내집마련 첫걸음 009

내집마련 할 때
조심해야 할 감정 3가지

매수자 금쪽이 치료법

집을 사려는 사람들을 보면 마치 감정 조절이 안 되는 아이들처럼 행동하는 경우가 있다.

이번엔 매수자 금쪽이들이 가장 조심해야 할 감정 3가지를 진단해보고, 치료법을 알아보자.

(※ 해당 내용은 저자의 생각과 경험을 풀어낸 내용이므로 재미로 볼 것을 권장함.)

감정1 짝사랑 증후군
: 내 눈에만 좋아 보이는 집

첫 번째 감정은 짝사랑 증후군이다. 특정 집에 대해 첫눈에 일방적으로 사랑에 빠진다.

증상 체크
☐ 그 집만 계속 생각나고 다른 집은 눈에 들어오지 않는다.
☐ 부동산 공인중개사의 칭찬 한마디에 더욱 사랑에 빠진다.
☐ 객관적인 단점이 내 눈에만 보이지 않는다.
☐ 이 집이 아니면 안 될 것 같다는 생각이 든다.

이런 사람들은 부동산 공인중개사가 "이 집 정말 좋은 집이에요. 다른 분도 관심 많으세요"라고 말하는 순간, 본인의 판단과는 관계없이 단번에 좋은 집이라고 가정을 해버린다. 공인중개사가 말하는 좋은 집과 매수자 본인에게 좋은 집은 전혀 다른 이야기다. 공인중개사는 그 집이 팔리면 수수료를 받는 사람이고, 매수자는 그 집에 실제로 살아야 하는 사람이다. 매수자의 눈은 객관적이어야 한다.

감정2 허영심 과다 증후군

1년에 한 번 올까 말까 한 집들이 손님들을 위해 집을 고르는 사람들이 많다.

증상 체크

☐ 친구들이 놀러 왔을 때 어떻게 보일까가 집 선택의 기준이다.
☐ 실제 필요한 것보다 큰 평수, 방의 개수가 많은 걸 원한다.
☐ 몇 년에 한 번 오는 친척이나 친구들의 평가가 더 중요하다.

친구들, 친척들이 1년에 몇 번이나 내 집에 올까? 잠깐 놀러 오는 얼마 안 되는 시간을 위해 집을 고르는 것이 맞을까?

감정 3 완벽주의 증후군

완벽주의면 좋은 거 아닐까 싶지만, 모든 조건이 100% 맞는 집을 찾으려다가 결국 아무것도 못 사는 사람들이다.

증상 체크

☐ 조금만 더 찾아보면 더 좋은 집이 있을 거 같다는 생각이 계속 든다.
☐ 작은 단점도 용납하지 못한다.
☐ 몇 개월 이상 집을 보고 있지만 아직도 결정을 못했다.
☐ '이 정도 가격이면 이것도 있어야 하는 거 아닌가?' 생각한다.
☐ 내가 직접 살 집(Buy)과 임대 놓을 집을 구분하지 못한다.

세상에 완벽한 집은 없다. 모든 조건이 다 맞는 집이 있다면 내가 생각한 예산으로는 사기 어려운 집일 것이다.

내집마련 첫걸음 010

월세 살아도
'집주인 마인드'가 필요한 이유

임차인도 장착해야 할 집주인 마인드

집을 소유하면 내 집에서 집주인으로 생활하고, 자연스레 집주인 마인드가 생긴다. 하지만 임차인 시절에도 이런 마인드가 있다면 내집마련을 위한 값진 시간을 얻게 된다. 당신은 집주인 마인드를 가졌는가?

"어차피 2년 살고 나갈 집인데…."

임차인이 자주 하는 생각이다. 문제가 생겨도 집주인에게 말하고 기다리면 된다고 생각한다. 그렇게 임차인의 역할은 끝이 난다. 집에 대해 알 기회도, 문제를 해결해볼 경험도 얻지 못한다.

이때 임차인이더라도 '집주인이라면 어떻게 할까?'라는 생각으로 살아보면 다른 경험을 할 수 있다. 그러니 '집주인 마인드'로 어떻게 해결할지 찾아보는 걸 추천한다. 문제가 생겼을 때 "고쳐주세요"가 아니라 원인을 찾게 된다. 간단한 문제여서 본인이 해결할 수 있다면 직접 수리해보는 것도 좋다. 비용에 초점을 맞추기보다는 한 가지 경험을 더 해볼 수 있다고 생각하는 것이 포인트다. 하나하나 쌓이다 보면 저절로 집에 대해, 관리에 대해, 수리에 대해 알게 된다.

실제로 내가 반지하에 살 때, 변기가 역류하던 날이 있었다. 처음엔 막힌 줄 알고 며칠 동안 뚫기만 했다. 그 집에 사는 건 나였고, 역류로 불편한 것도 나였다. 임대인에게 말하기보다 내가 먼저 해결 방법을 찾아봤다. 결국 정화조 청소 주기가 지나면 이런 현상이 생길 수 있다는 걸 알게 됐다. 이 정보를 임대인에게 말하자 다음 날 정화조 청소를 했고, 이후 역류(변기 막힘)는 사라졌다. 단순히 운이 좋았다기보다는 내가 임대인처럼 생각했기 때문에 가능했던 일이다.

따뜻한 물이 안 나올 때, 누수 자국이 보일 때, 싱크대 문이 떨어졌을 때 등 문제를 직접 해결한 경험은 큰 자산이 된다.

임대인이 된 후에 경험을 쌓는 건 생각보다 어렵다. 내 집이 생기면 리스크는 내 몫이고 실수는 돈의 지출로 돌아온다. 할 수 있을 때 미리 경험을 쌓아두라고 꼭 말하고 싶다.

 내집마련 첫걸음

> 임대인에게 허락을 구한 후 실행한다. 집을 어떻게 다루고, 문제가 생겼을 때 어떤 대응을 해야 하는지 실전처럼 배워볼 수 있는 기회다. '집주인의 몫'이라 생각하기보다 내가 해결 주체라는 마음으로 좋은 경험을 해보자.

내집마련 첫걸음 011

집을 자산으로 보는 사람 vs 단순히 사는 곳으로 보는 사람

두 가지 생각을 모두 가진 파워 투자자

사람들은 집을 단순히 주거 공간이라 생각한다. 그리고 집을 사고 팔면서 재테크 수단으로 삼는 사람들을 좋지 않은 시선으로 바라보기도 한다. '집은 사람이 거주하는 곳이지, 돈벌이 수단이 아니다'라면서 말이다.

당장 부동산 투자를 서둘러야 한다거나 전문적으로 부동산 투자를 업으로 삼아야 부자가 된다는 이야기가 아니다. 집은 나 또는 우리 가족이 함께 생활하기 위해 필요한 공간이다. 구성원에 따라 라이프 스타일을 고려하여 집을 선택해야 한다.

그런데 여기서 한 가지 더 생각해봐야 할 것이 있다.

우리는 평생 한 집에서만 살지 않는다. 결혼하거나 아이가 생기거나 직장이 바뀌거나 부모님과 같이 살게 되거나 하는 여러 이유로 언젠가는 이사를 가게 된다.

그때를 한번 상상해보자. 가족이 살기 좋은 조건의 집인데, 두 가지 경우가 있다. A집은 1억원에 사서 5년 후 이사를 갈 때 3억원에 팔 수 있고, B집은 1억원에 사서 그대로 1억원에 팔 수 있다. (심지어 어떤 경우에는 살 때보다 마이너스 된 가격으로 팔아야 하는 경우도 많다.)

이 두 가지 중 어떤 집을 선택해야 할까? 답은 뻔하다.

똑같이 살기 좋은 집이라면 당연히 나중에 비싸게 팔 수 있는 집을 사는 게 현명하다. 이게 바로 집을 '공간'과 '자산' 두 가지 관점으로 보는 것이다.

집을 단순히 공간으로만 보면 "살기만 좋으면 돼"라고 생각하기 쉽다. 하지만 자산의 가치까지 고려한다면 살기 좋으면서 동시에 가격도 오를 만한 곳을 찾게 된다.

집을 매수해서 실거주할 거라면 가격이 오를 곳을 사는 게 맞다. 같은 돈을 쓰는데 나중에 손해 보는 집을 살 이유가 없다. 이렇게 생각하는 건 투기가 아니라 현명한 판단이다.

 내집마련 첫걸음

'우리 가족이 살기 좋은가?'
'나중에 매도할 때 손해가 나진 않을까?'
집을 매수할 때 이 두 가지를 함께 고려하는 사람이 똑똑하다. 두 마리 토끼를 모두 잡을 수 있는 집을 찾는 게 내집마련의 핵심이다.

내집마련 첫걸음 012

돈의 흐름을 보려면
동네 은행에 가보라

낯선 동네 분위기 파악하는 법

대한민국에서 은행은 모두 똑같을까?

보통은 돈을 통장에 넣고 뺄 수 있고 ATM만 있으면 은행이라 생각한다. 하지만 은행도 하나의 기업이다. 같은 브랜드 은행도 지역마다 시스템이 다르다. 각 동네마다 은행의 분위기와 스타일이 완전히 다르다.

나는 돈의 흐름이 많은 동네에 가면 은행부터 방문한다. 인테리어가 마치 고급 호텔 로비 같으며 직원들은 정장이나 유니폼을 단정하게 입고 있다. 대기하는 동안에는 차나 커피를 제공하는 곳도 많다. 심지어 일반인은 출입을 제한하고 VIP 고객만 출입할 수 있는 은행도 존재한다. 대형 은행들은 수익성을 분석하여 '프리미엄 지점'을 늘리고 있는 추세다. 반포동, 도곡동 등에 지점을 넓혀 절세 및 상속 등 종합적인 자산관리를 도와

준다.

반대로 쇠퇴하는 동네의 은행은 정반대의 모습이다. 더 심각한 건 은행이 아예 문을 닫거나 다른 지역으로 이전하는 경우도 있다는 점이다. 은행 입장에서 보았을 때 수익이 나지 않으니 더 이상 운영을 할 수 없다는 의미다.

이처럼 은행의 시설과 영업하는 모습을 보면 그 동네의 경제 상황을 알 수 있다. 은행이 새로 들어오거나 리모델링하여 규모와 시설을 최신식으로 바꾸고 있다면 현재 발전하고 있는 동네다. 반대로 은행이 없어지거나 점포를 축소하는 동네라면 돈의 흐름이 원활하지 않고 경제적으로 어려워지고 있음을 암시한다.

따라서 임장을 다닐 때 주택만 보고 오는 것이 아니라 은행도 살펴보면 좋다. 동네에 몇 개의 은행이 있는지, 어떤 분위기인지, 사람들이 많이 이용하는지 관찰해보자.

 내집마련 첫걸음

요즘 MZ는 대출도 온라인으로 실행하기 때문에 굳이 오프라인 매장을 방문할 일이 없다. 하지만, 임장 차원에서 그 동네의 은행을 직접 방문해서 동네 분위기를 파악해보자.

내집마련 첫걸음 013

모르는 동네에 가는
설렘과 기쁨

효과적인 임장을 할 수 있는 황금 시간대

임장을 하라고 하면 많은 초보자들이 "그래서 도대체 어디부터 가야 하는데요?"라고 막막해한다. 집 보러 다니라고 하는데, 어느 동네를 첫 번째 목적지로 잡아야 할지 감이 안 온다.

가장 흔한 실수가 바로 내 집 근처, 즉 내가 이미 잘 아는 동네만 계속 반복하는 것이다. 익숙한 곳이니까 부담도 없고 쉽게 갈 수 있다. 하지만 아는 지역만을 고수하는 건 비추천이다.

새로운 동네를 임장하는 마음가짐을 오늘부터 새롭게 가져보자.

이제부터 우리는 여행가가 아닌 탐험가다. 진짜 임장의 묘미는 모르는 동네를 가는 데 있다. 처음 가보는 동네, 이름만 들어본 동네, 심지어 어떻게 가는지 모르는 동네를 간다. 이런 곳들을 직접 가보면 그동안 알려고 조차 하지 않았던 많은 것들을 볼 수 있다.

예를 들어, 지도에서만 보던 역세권이 실제로 어떤 느낌인지, 내가 보고 있는 출구 쪽에 에스컬레이터가 설치되어 있는지, 온라인에서 본 단지가 현장에선 어떤 분위기인지, 찜한 아파트 동이 남향인데 일조권은 보장되어 있는지, 석양은 볼 수 있는지, 그 동네 사람들은 어떻게 생활하는지 등 직접 가보지 않으면 절대 알 수 없는 정보들이다.

"아, 이런 동네도 있구나."
"여기는 생각보다 교통이 불편하네."
"이 동네에는 젊은 사람들이 많이 사는구나."

새로운 동네를 돌아다니면 자연스럽게 현장 감각이 생긴다. 이런 경험들이 하나둘 쌓여 부동산을 보는 눈이 점점 좋아진다.

또한, 다양한 동네를 가보면 내가 정말 살고 싶어 하는 곳이 어디인지, 어떤 분위기를 좋아하는지도 알게 된다. 처음에는 '무조건 강남이 좋다' 이런 막연한 생각만 있나. 그러나 직접 돌아다니다 보면 조용한 주택가를 좋아하는지, 상권이 잘 형성된 곳을 좋아하는지 내 취향을 발견하게 된다.

그러니까 망설이지 말고 모르는 동네로 출발하자. 지하철 노선도를 펼쳐놓고 가본 적 없는 역을 찾아서 그냥 가보면 된다. 처음에는 길도 헷갈리고 어색할 수 있지만 그게 바로 새로운 경험을 쌓는 과정이다. 모르는 동네를 탐험하는 재미를 한번 맛보면 임장이 훨씬 즐거워진다.

임장은 내가 원할 때 가는 놀이공원이 아니다

부동산(집)의 매수를 결정하기 전에 우리는 '임장'이라는 활동을 한다. 주로 시간이 날 때, 근처에 갈 일이 있을 때 등 내가 원할 때 임장을 한다. 효과적인 임장 방법이라 할 수 있을까? 동네 분위기, 이웃의 생활 모습, 불편 요소 등은 시기와 시간대에 따라 다르게 관찰된다. 그렇기 때문에 원하는 목적에 맞춰 최적의 타이밍을 잡는 것이 중요하다.

평일 낮에는 공인중개사가 활발히 활동하는 시간대이므로 자세한 상담이 가능하며, 대부분의 사람들이 출근을 하여 건물, 도로, 상권을 한산한 분위기에서 확인해볼 수 있다.

주말 오후에는 실거주 수요자의 움직임을 파악할 수 있다. 평일에는 보지 못했던 이웃들의 생활 반경 등 내가 실거주자일 때 느낄 수 있는 모습들을 전반적으로 체험해볼 수 있는 중요한 시간이다. 더 나아가 용기가 있다면 아파트 및 빌라에 사는 이웃 주민들과 자연스럽게 대화하며 생활 정보를 얻어갈 확률도 높아진다.

출퇴근 시간대에는 도로 및 대중교통 혼잡도 확인이 가능하며, 직장인뿐만 아니라 학생들의 이동 패턴도 분석할 수 있다.

여기까지는 많은 이들이 임장을 다녔을 시기와 시간대다. 그렇다면 비가 많이 오는 날이나 한파, 폭염 특보가 떴을 때도 임장을 나가본 사람이 과연 몇이나 될까? 집 앞 편의점도 다녀오기 싫은 궂은 날씨에만 얻을 수 있는 고급정보들이 현장에는 많이 있다. 폭우로 인해 역류하는 하수구, 누수 등 건물 노후화 상태를 극명하게 확인해볼 수 있다. 또한 상권을 볼 때도 날씨 때문에 유동 인구가 급격히 줄어든다면, 해당 상권은 비수기 상권을 포함한 것으로 분석할 수 있다.

목적별 임장 황금 시간

1. 거주 목적
- 주중 낮 : 출근 인구의 유출입 파악
- 주말 및 출퇴근 시간대 : 주민의 일상 분위기 파악, 소음 및 교통 체증 확인

2. 상가 투자
- 점심 및 저녁 시간대 : 유동 인구가 많은 시간대의 피크타임 확인(테이블 회전 수 포함)
- 주말 오후 : 주말 유동 인구 파악(우리 동네로 유입되는 인구 수 파악)

3. 토지 투자
- 새벽 또는 한밤중 : 조용한 환경에서 지형 및 접근성 확인
- 비 오는 날 : 배수 상태 및 경사도 확인

 내집마련 첫걸음

임장은 단순히 '언제 가면 좋을까?'가 아니라 '어떤 정보를 얻을까?'에 따라 황금 시간이 달라진다. 임장의 목적을 정한 뒤 그에 맞는 시기와 시간대를 정하면 효율적인 임장이 가능해진다.
단 한 번의 임장이 모든 것을 해결해줄 수 없다. 그리고 내가 부동산을 온전히 갖기 전에 사랑에 빠지면 객관적인 평가를 할 수 없음을 꼭 기억하자.

"시간을 되돌린다면
25년 전 판교를
살 수 있을까?"

#매물 찾기

2장

인생 역전의 기회를 놓치지 마라. 좋은 집 찾는 법 20가지

내집마련 첫걸음 014

데이터와 통계만으로
성공할 수 있을까?

내가 보는 데이터도 결국 타인이 만든 결과물

데이터와 통계로 부동산 투자를 결정하는 사람들이 있다.

'이 동네는 지난 1년간 15% 올랐으니 투자해도 좋다.'
'저 동네는 3개월 연속 매매 가격이 떨어지고 있으니 피해야 한다.'

이런 정보로 매수 여부를 판단한다.
  심하게는 현장에 가지 않고 책상 앞에 앉아서 숫자, 통계, 정보만으로 집을 살지 말지 결정하기도 한다.
  근데 이런 데이터는 누가 만든 것일까? 결국 사람이 만든 것이다. 내가 직접 확인하지 않은 현장은 모두 남이 판단한 현장이다. 통계도 마찬가지다. 다른 사람이 수집하고 정리한 데이터를 내가 보고 판단한다면, 그것은 진짜 내 판단이라고 할 수 없다.

　주식 투자를 할 때는 사야 할 회사의 경영을 깊숙이 파악할 수 없다. 하지만 부동산 투자를 할 때는 투명한 자료가 많아서 내가 직접 발로 뛰고 조사하면 정확한 정보를 확인할 수 있다.

　평균이라는 통계는 함정일 수 있다. 특정 지역의 평균 가격은 고급 동네(단지)와 노후 동네(단지)를 모두 포함한다. 같은 동네라도 구역, 단지, 호수별로 천차만별인 현실을 반영하지 못한다.
　그리고 부동산 통계는 빠르면 1개월 전이고 보통 1~3개월 전의 데이터다. 시장이 빠르게 변화하고 있다면 현실과 시차가 생길 수 있다.

　또한, 이런 부동산 데이터에는 숨겨진 정보가 존재한다. 인테리어 상태도 다르고, 실제 거주해본 사람만 알 수 있는 층간소음, 주차, 관리비 등 실제 부동산 가치에 영향을 미치는 중요한 요소들은 통계나 데이터에서 확인할 수 없다.
　인터넷 조사로만 부동산을 판단하는 것이 위험하듯, 데이터만 믿는 것도 위험하다. 물론 데이터가 필요한 순간도 있다. 기본적인 정보, 시장흐름, 대략적인 가격대를 확인할 때는 크게 도움이 된다. 그러나 진정한 부동산 투자라면 현장에 가서 나만의 데이터를 쌓아야 한다. 직접 발로 뛰면서 얻은 정보는 어떤 통계보다 값진 자산이 된다.
　이와 같은 과정을 반복하다 보면 다른 사람들이 보지 못하는 기회도 발견할 수 있다. 데이터와 통계를 참고 자료로만 사용하고, 최종 결정은 현장에서 직접 얻은 내 데이터를 바탕으로 해야 한다.

 **내집마련 첫걸음**

관심 동네 정보 수집
- 동네 주민들의 아침저녁, 출퇴근 동선 확인하기
- 주변 상권을 걸어보며 활성화 정도 체감하기
- 내 생활 패턴에 맞는 교통수단 체험 해보기

내집마련 첫걸음 015

시간을 되돌린다면
25년 전 판교를 살 수 있을까?

기회를 놓치지 않고 활용하는 법

"10년 전으로 돌아간다면 비트코인을 샀을 텐데."

"성수동? 나 어릴 때는 장화 신고 다녔어. 이렇게 바뀔 줄 알았다면…."

누구나 한 번쯤 한탄과 함께 무심코 뱉는 말이다.

미래를 알 수만 있다면 (투자로) 누구나 부자가 될 수 있다. 하지만 흥미로운 사실은 25년 전 판교에 투자할 기회가 있었던 사람들 중 실제로 투자한 사람은 극소수였다는 점이다. 왜 그랬을까?

사실 판교 개발은 갑자기 생긴 계획이 아니다. 2000년대 초반 정부가 판교 신도시 개발계획을 발표했을 때, 그 정보는 누구나 접근할 수 있었다. 하지만 대부분의 사람들은 이 정보의 가치를 깨닫지 못했거나 행동으로 옮기지 않았다. 초기에 투자한 소수만이 엄청난 수익을 얻었다. (정보

가 빠른 사람이거나 정부 정책과 관련된 사람)

더 놀라운 사실은 지금도 미래의 판교가 될 지역들의 개발계획이 공개적으로 발표되고 있다는 것이다. 현재 우리에게도 과거 판교와 같은 투자 기회가 존재한다. 부동산에서는 이러한 미래 엿보기가 가능하다.

정부와 지자체는 주기적으로 개발계획을 발표하며, 공식 문서를 통해 어느 지역이 어떻게 변화할지를 예고한다. 하지만 이 정보를 활용하는 사람은 극히 소수다. 대부분의 사람들은 뉴스 보도가 말해주는 개발 호재가 터지고 난 뒤에야 관심을 갖는다.

하지만 이미 뉴스에 나왔다는 건 해당 분야에 관심이 없던 사람들조차도 알게 된다는 문제가 있다. 당연히 부동산 시장에서도 알려질 만큼 알려졌다는 뜻이다. 그때는 이미 가격 상승이 시작되었고, 실질적인 투자 기회가 늦어진 경우가 많다. (정부는 투기를 단속하려 규제를 발표한다.)

부동산 시장에서 승률을 높이려면 남들보다 한발 앞서 정보를 읽고 움직여야 한다. 뉴스가 나오기 전에 정책 문서를 분석하고 흐름을 파악하는 사람이 결국 기회를 잡는다.

그렇다면, 어디서 이런 정보를 얻을 수 있을까?

서울의 미래를 보고 싶다면 '서울도시공간포털'이라는 사이트부터 알아야 한다. 본인은 얼마나 알고 있는지 사이트의 정보를 확인해보자.

- 아예 모른다면 0점
- 들어본 적이 있다면 50점
- 들어가서 본 적이 있다면 80점

• 들어가서 파일까지 읽어봤다면 90점

이 사이트에는 '2040 서울도시기본계획'이라는 문서가 있다. 서울시가 향후 20년간 도시를 어떤 방식으로 바꿀지 방향성을 담은 문서다. 단순한 개발계획이 아닌 주택 정비, 교통, 경제, 산업 등 서울의 미래를 보여준다.

하지만 이런 문서를 읽는다고 해서 누구나 좋은 투자 판단을 내릴 수 있는 것은 아니다. 중요한 것은 정보를 아는 것보다 정보를 어떻게 해석하고 판단하고 활용하는가이다. 같은 계획을 보고도 누구는 기회를 잡고, 누구는 아무 생각과 행동을 하지 않는다.

몇십 년 전, 판교 개발계획을 보았던 대부분의 사람들은 그저 정부의 또 다른 계획일 뿐이라고 생각했다. 하지만 소수는 달랐다. 그들은 계획을 분석하고 현장을 방문하고 투자 가능성을 미리 예측했다. 그리고 행동했다. 결과적으로 그들은 수십 배, 심지어 수백 배 수익을 올렸다.

정보를 효과적으로 활용하려면 몇 가지 단계가 필요하다.

① 정보 수집 : 정부와 지자체 공식 사이트에서 개발계획 문서 찾기
② 분석 및 해석 : 계획이 실제로 무엇을 의미하는지, 어떤 영향이 있을지 분석하고 해석하기, 그리고 중지 및 연기까지 예측하기
③ 현장 임장 : 계획대로 흘러가는지 직접 확인하기
④ 결정 : 자신의 분석과 확인을 바탕으로 투자 결정하기

여기에 반드시 현장을 확인하는 과정이 필요하다. 언급된 계획이 실제 적용되고 있는지, 지역 분위기, 인프라, 교통이 어떠한지를 현장에서 직접 확인해야 한다.

 내집마련 첫걸음

정보는 누구에게나 공개되어 있지만 그것을 얼마나 빨리 어떻게 소화하는지는 개인의 노력이다. 기회는 모두에게 공평하게 주어진다. 다만 그걸 기회로 인식하고 활용하는 사람이 성공한다.

내집마련 첫걸음 016

집은 왜 헌 집을 찾아야 할까?

리셀(프리미엄)이 붙는 옷과 같은 집

대부분 사람들은 새 집(신축)을 선호한다. 신축의 깨끗함과 풀옵션, 현대적인 디자인은 분명 매력이 있다. 하지만 집을 구매할 때 신축만이 답이 아니다.

K양은 첫 집으로 구축 빌라 구매를 결정했고, 현재 매우 만족하며 살고 있다. 이번엔 그 이야기를 들려주고 싶다.

K양은 첫 독립을 하고 1.5룸 신축 빌라에서 임차인으로 살고 있었다. 우연한 인연으로 유기견 한 마리를 입양했고, 알고 보니 임신 중이었다. 출산 후 새끼강아지와 함께 가족은 셋이 되었고, 1.5룸 집이 좁아졌다. 매달 내는 월세와 보증금에 대한 기회비용을 계산해보니, 조금만 더 노력해서 대출을 받아 집을 사는 게 맞다는 생각이 들었다.

서울 아파트는 꿈도 못 꾸는 상황인지라 빌라를 알아보면서 자연스럽게 신축이냐, 구축이냐의 선택에 직면했다. 같은 예산으로 신축은 작은 평수, 구축은 더 넓은 평수를 살 수 있었다. 넓은 공간이 필요했던 K양은 구축 빌라 쪽으로 선택을 굳혔다.

구축 빌라는 가격 대비 공간 효율이 좋았다. 같은 돈으로 같은 입지에 있는 신축보다 더 넓은 공간을 쓸 수 있었다. 반려견 두 마리와 함께 생활하려면 공간은 정말 중요했다. 만약 같은 평수를 기준으로 놓고 찾는다면 도심 입지는 포기해야 했지만 주변 인프라가 잘 갖춰진 곳에 위치해 있었다. 이미 상권이 형성되어 있고 대중교통이 잘 갖춰진 곳이었다.

오래된 빌라가 좋은 인프라가 형성되어 있다는 말을 추가로 설명하자면, 30년 전부터 살아온 주거 목적의 동네였기에 모든 편의시설이 갖춰져 있었다. 또한, 지금은 30살을 먹게 된 주택들이 새롭게 변신을 기다리고 있다고 풀어서 설명할 수 있다.

처음에는 단순히 더 넓은 공간을 찾아 집을 알아보기 시작했지만, 부동산 공부를 하면서 미래 가치의 중요성을 알았다. 선택한 구축 빌라의 위치는 지금도 구청에서 개발에 관한 우편물이 오고 있다. 부동산 공부를 계속해왔던 K양은 단순히 현재 필요한 공간만 생각하는 것이 아니라, 미래 가치까지 함께 고려했다.

신축은 당장은 좋지만 가격에 이미 프리미엄이 붙어 있는 반면, 구축은 향후 재개발, 리모델링 등의 가능성을 갖고 있어 자산 가치 상승 기대가 컸다.

첫 집 구매인 만큼 걱정도 있었지만, 공간의 필요성과 미래 가치를 모두 챙길 수 있는 구축 빌라는 완벽한 선택이었다.

다른 사람들 눈에는 오래되고 낡은 집으로 보일지 모르지만, 첫 내집마련의 관점에서 보았을 때 보물 같은 집이다.

그저 공간이 커져 가는 것에 초점을 맞췄다면 넓은 공간에만 만족했겠지만, 부동산 공부를 통해 미래 가치까지 함께 고려한 덕분에 마음이 더욱 든든하다. 또한 재개발로 자산 가치도 올라가길 기대할 수 있다. 사는 동안 추가 분담금을 낼 수 있게 열심히 저축도 하고 수입도 올리는 노력을 한다면 금상첨화다.

 내집마련 첫걸음

신축의 깔끔함, 편리함도 좋지만 구축 빌라의 숨은 가치를 발견하는 안목을 키운다면 더 좋은 선택을 할 수 있다. 특히 처음 집을 사는 사람이라면, 신축에 대한 환상에서 잠시 벗어나 구축의 실용적 가치와 미래 가능성을 생각해보길 바란다.

내집마련 첫걸음 017

역세권은
직접 보고 느끼면서 선 긋기 나름

역세권 범위의 확장

부동산 시장(업계)에서 일반적으로 정의하는 역세권은 도보 5~10분 이내를 말한다. 하지만 실제 부동산 광고를 보면 역에서 13~15분 거리도 역세권이라고 홍보한다.

역세권이란 개념은 신기하게도 점점 확장되고 있다. 처음에는 역에서 도보 5분 이내만 역세권이라 불렀지만, 이제는 10분, 심지어 15분까지도 역세권이라 부르는 경우가 많아졌다. 이렇게 점점 역세권 범위가 확장되고 있는 건 이유가 있다.

첫째, 집값 상승으로 인한 타협의 결과다.

서울에서 진짜 역세권 집은 가격이 너무 비싸서, 사람들이 넓은 의미의 역세권으로 눈을 돌리게 되었다. "원래는 역에서 10분 거리를 원했지만,

예산이 안 되니 15분 거리라도" 하는 식이다. 이런 수요 변화에 맞춰 부동산 시장도 역세권의 범위를 점점 확장하고 있다.

둘째, 연령층과 체력에 따라 느끼는 역세권의 범위가 다르다.

노년층이나 어린 자녀가 있는 부모에게는 10분 이상 거리가 부담스럽지만, 젊은 청년층에게는 역에서 15분 거리도 충분히 걸을 만한 거리다. 집을 구매하는 젊은 층이 늘어나면서, 그들에게 가능한 도보 가능 거리의 범위도 함께 확장되고 있다.

셋째, 예산에 따라 역세권을 받아들이는 마인드도 달라진다.

처음에는 무조건 역 앞을 외치던 사람들도 높은 집값을 실제로 보면 역에서 조금 걸어가도 괜찮겠다고 생각이 달라진다. 그리고 점점 '걸어서 이정도면 나쁘지 않지', '버스 한 번 갈아타면 역까지 금방이야'라는 식으로 기준이 내려간다.

이렇게 비역세권을 역세권으로 인식하게 되는 과정은 번회해 왔다. 자신의 예산으로는 진짜 역세권을 살 수 없다는 현실과 역세권에 살고 싶다는 생각 사이의 갈등을 맞추기 위해 역세권의 정의 자체를 확장하고 있다.

그렇다면 진짜 역세권과 마케팅 역세권을 구분하는 방법은 무엇일까? 가장 확실한 방법은 직접 걸어보는 것이다. 부동산 광고에서 말하는 역에서 5분은 누구의 기준인지 모른다. 자신의 평소 걸음 속도로 역까지 걸어보면 실제 걸리는 시간을 알 수 있다.

 내집마련 첫걸음

초보자를 위한 역세권 팁

- 직접 걸어보는 것이 좋다 : 관심 있는 집이라면 역부터 직접 걸어간다. 출퇴근 시간대에 방문하면 실제 혼잡도까지 느낄 수 있다.
- 미래 변화 : 신규 역 개통 계획이 있다면 현재 비역세권이어도 미래에는 접근성이 좋아질 수 있다.
- 역 주변 체크 : 역과의 거리만 중요한 게 아니다. 역에서 집까지 가는 길이 어떤 길인지, 경사, 안전, 편의시설도 확인한다.

내집마련 첫걸음 018

점점 편해지는 손품 기술,
그럴수록 빛나는 발품 기술

직접 뛴 사람에게만 주어지는 정보

'사진에는 안 보였던 전봇대가 창문 앞에 있어요.'

'현장에 와 보니 바로 옆에 큰 도로가 있네요.'

'인터넷으로 확인했을 때는 어떤 악재도 없이 완벽했는데….'

부동산 임장에는 두 가지 방식이 있다. 바로 손품과 발품이다.

여기서 부동산 초보자들이 가장 많이 하는 실수가 바로 손품만 믿고, 발품을 소홀히 하는 것이다.

손품은 앉은 자리에서 손으로 하는 임장이다.

네이버 부동산, 직방, 다방, 피터팬 카페 등 어플이나 웹사이트에서 부동산 시세를 조사하고, 지역 카페나 커뮤니티에서 동네 소식과 정보를 알아본다. 요즘엔 앉은 자리에서 컴퓨터나 스마트폰만으로도 매물 가격, 실거래 이력, 심지어 로드뷰와 항공뷰, 그리고 해가 떠오르고 지는 모습을 360도 회전 뷰로 볼 수 있다.

반면, 발품은 직접 현장에 가서 건물 상태를 확인하고, 동네 분위기를 느끼고 주변 환경을 보고 오는 것이다. 직접 발로 다니며, 보고 듣고 느끼는 모든 과정이 발품이다.

요즘은 인터넷이 발달하면서 손품으로 확인하는 경우가 많아졌다. 20~30대 젊은 사람들도 부동산에 관심을 가지기 시작하면서 대부분 부담 없는 손품부터 시작한다. 손품은 시간과 비용을 아낄 수 있고, 간편하게 많은 정보를 얻을 수 있는 편리한 방법이다. 이렇게 손품이 편리해질수록 발품이라는 명칭은 사라져가고 있다.

인터넷에서 보니 남향이고 역세권인 신축 빌라가 있다. 사진으로 확인하니 깔끔하고 가격도 적당했다. 손품만으로는 최고의 매물이다. 여기서 매수 의사가 99% 정해진다면 위험한 일을 경험할 수도 있다.

사진에는 가려졌지만, 남향이라 해도 바로 앞에 건물이 있어 하루 종일 그늘져 있을 수 있다. 역세권이라 해도 역까지 가는 길이 언덕일 수 있다. 신축이라 했지만 리모델링만 한 집일 수도 있다. 이런 것들은 인터넷에선 절대 볼 수 없고, 작정하고 단점을 감출 수도 있다.

그리고 현장에 가보니 바로 옆 건물이 공사 중이었다. 인터넷으로 본 사진은 교묘하게 그 부분을 피해서 찍었다. 만약 현장에 가보지 않았다면, 공사가 끝날 때까지 소음과 먼지에 시달렸을 것이다.

'공사는 몇 달 지나면 끝나지 않나요?' 맞다. 소음과 먼지는 몇 달만 참으면 된다. 하지만, 더 큰 문제는 옆 건물이 완공된 후 예상 밖의 악재로, 옆 건물이 내 집의 권리를 침해하는 일이 발생할 수도 있다는 점이다.

그렇다고 발품만 중요하다는 말은 아니다.

손품과 발품은 서로 보완하는 관계다. 손품으로 기본 정보를 얻고 관심 있는 매물을 추려낸 다음 발품으로 최종 확인하는 과정이 이상적이다.

손품의 장점은 효율성이다. 짧은 시간에 많은 매물을 볼 수 있고, 시세 파악이 쉽다. 발품의 장점은 정확성이다. 실제 환경과 분위기를 직접 확인하고 인터넷에 나오지 않는 숨겨진 정보를 찾으면 된다.

초보자라면 다음 순서로 접근하면 좋다.

① 제일 먼저 관심 지역 정하기
② 손품으로 관심 매물 추리기
③ 발품으로 최종 확인하기 : 현장에 가서 상태, 주변 환경, 분위기, 소음, 조망권 등 확인
④ 다시 손품으로 추가 조사하기 : 현장 임장 후 생긴 의문점 조사(개발계획 등)
⑤ 최종 발품 : 다른 시간대(출퇴근 시간, 주말, 저녁)에 다시 방문해보기(매수하기 전까지 여러 번 하는 것은 당연하다.)

 내집마련 첫걸음

> 남들이 손품만으로 놓친 기회를 발품으로 발견하는 사람이 승자가 된다. 손품으로 시작해서 발품으로 완성해야 한다. 손품과 발품을 균형 있게 활용한다면 당신만의 부동산 감각이 만들어질 것이다.

내집마련 첫걸음 019

간판만 봐도 알 수 있는
알짜배기 부동산 중개업소 찾기

아는 사람만 문 열고 들어가는 그곳

손품으로 여러 매물을 본 후 현장에 가서 직접 매물을 확인해야 한다. 무작정 보고 싶은 동네를 가는 것보다 보고 싶은 매물을 가지고 있는 부동산 중개업소에 예약 전화를 하고 방문한다.

이때 전화통화만으로 '알짜배기' 업체인지 판단하긴 어렵다. 부동산 중개소 앞에 도착해서 둘러봐도 마찬가지다. 하지만 우리에게 피해를 줄 수 있는 곳인지, 시간 낭비를 하게 될 곳인지를 거를 방법은 있다.

부동산 중개업소에 들어가기 전 다음을 참고하자.

먼저, 간판의 이름을 스티커로 바꾼 곳은 조심한다.

부동산 간판을 보면 오래되어 보이는데 사람 이름 부분만 새 스티커로 덧붙인 경우가 있다. 업체는 같고, 공인중개사만 바뀐 것이다. 각자의 사유는 다양하겠지만 오래된 간판만큼 이 지역을 아는 사장님이라는 기대는 접고 들어가야 한다.

신생 부동산도 주의한다.

인테리어가 예쁘고 깔끔하게 되어 있다. 물론 영업력이 뛰어난 신생 부동산도 있겠지만 경험이 부족한 부동산일 확률이 높다. 부동산 거래는 경험이 중요하다. 복잡한 절차, 서류 작업, 거래 노하우까지 모든 것이 경험에서 나온다. 친절하고 열정적인데 경험 부족으로 일을 못하거나 실수한 것은 고스란히 나의 피해로 이어진다.

목적성이 다른 부동산도 시간 낭비의 주범이다.

상가를 전문으로 하는 부동산에 가서 집을 내놓거나, 아파트가 전문인 부동산에 가서 빌라를 내놓으면 시간 낭비다. 각 부동산 유형마다 거래방식, 고객, 시장 동향이 완전 다르다. 내 물건과 비슷한 물건을 중개하는 곳으로 가야 중개사의 경험을 바탕으로 딱 맞는 매물을 볼 수 있다.

간판이 적당히 낡았지만 관리가 잘 되고 있다면 좋은 신호다. 장시간의 영업력도 있고 여전히 업장 관리에 신경 쓰고 있다는 뜻이다.

그리고 창문에 붙어 있는 매물도 잘 봐야 한다. 내가 찾는 매물의 종류와 비슷하면 좋지만, 종이가 너무 오래돼서 변색이 됐거나 현재랑 맞지 않는 시세의 매물이 붙어 있다면 피해야 한다. 이런 곳은 매물 관리를 제대로 하지 않는다는 신호일 수 있고, 호객을 위한 가짜 매물을 올리는 곳이다. 관리를 잘하면서 해당 지역에서 오래 영업한 흔적이 보이는 곳이 안전하다.

화려한 간판이나 예쁜 인테리어, 직원들의 외모에 현혹되는 것보다 신뢰할 수 있는 경험과 전문성이 있는 공인중개사과 인연을 맺는 게 중요하다.

믿을 수 있는 로컬 부동산

그 지역에 믿을 수 있는 로컬 부동산을 만드는 것이 중요하다.

이유는 간단하다. 해당 지역의 흐름과 방향을 잘 아는 공인중개사의 조언은 내집마련의 결정적인 '힌트'가 되기 때문이다.

또한, 신뢰가 쌓이면 보통 사람들에게 공개되지 않은 '베스트 매물'을 가장 먼저 소개받을 확률도 높다.

나는 늘 부동산 간판을 유심히 본다. 간판에서 '지역 원주민의 향기'가 나는 부동산이 있다. 그럴 땐 들어가 본다.

그리고 조심스럽게 묻는다.

"사장님, 여기서 몇 년이나 영업하셨어요?"
"여기서 계속 사신 거예요?"

이 질문의 답을 들으면 그 동네의 내력이 느껴지기 때문이다.

성수동이 지금처럼 고가의 매물이 있는 지역이 아니던 시절, 나에게 가장 먼저 전화를 준 부동산 사장님도 그런 분이었다.

그분 덕분에 나는 큰 수익을 경험할 수 있었다.

로컬 부동산의 장점

1. '가장 먼저' 듣는다는 것의 위력

로컬 부동산은 동네 주민들과 직접적으로 연결되어 있다. 입소문, 이사 예정 소식, 상가 임대 여부, 재건축 조짐 등은 공식 정보보다 로컬에 먼저 흐른다. 그리고 그 정보는 오래 거래해온 단골 고객에게 제일 먼저 간다.

"어제 A동 아파트에 급매 나왔어요. 어제 저녁에 이사 얘기가 나왔거든요."

이 한마디가 수천만원의 차이를 만든다.

2. 지역 분위기와 흐름을 '체감'

공인중개사는 단순히 매물만 보는 사람이 아니다. 오랫동안 한 동네에 터를 잡았다면 지역의 기류와 온도를 느끼는 촉이 다르다.

"이 동네는 학군이 좋아서 2~3월에 매물이 급하게 소진돼요."
"저 건물 2층은 비어 있는데 곧 ○○프랜차이즈가 들어온대요."
"여기 구청에서 올해 예산 ○○억 투자 예정이에요."

데이터에 나오지 않는 생생한 현장 정보다. 이것이 로컬 부동산의 정보력이다.

3. 나를 기억하는 사람

부동산은 사람이 하는 일이다. 전문적인 공인중개사는 내가 어떤 조건의 집을 원하는지 기억하고 있다. 그리고 언젠가 그 조건에 맞는 매물이 나왔을 때 "○○님이 딱 좋아할 만한 물건이 나왔어요"라고 연락을 준다. 원하는 조건과 취향을 설명했는데 기억조차 못하는 공인중개사와 내가 말하지 않아도 먼저 연락을 주는 공인중개사 중 누구를 선택하겠는가?

4. 시장 하락기엔 더욱 빛난다

부동산 호황기에는 누구나 쉽게 거래를 성사시킬 수 있다. 하지만 시장이 침체될 때는 이야기가 다르다. 매수 심리가 얼어붙으면 매도자는 가장 신뢰하는 공인중개사에게만 매물을 맡기기 때문이다. 즉, 시장이 나쁠 때일수록 귀한 매물은 로컬 부동산을 통해 흘러나온다.

5. 주변 개발 호재의 '진짜 가치'를 구분

사람들은 개발 호재에 쉽게 흔들린다. "역세권 된다더라", "대형 병원이 들어온다더라", "GTX라인 예정이래" 등 언제, 어느 정도의 영향력으로, 실현 가능성이 얼마나 되는지에 대해 냉정하게 분석할 줄 아는 로컬 공인중개사가 필요하다.

말뿐인 호재와 실현될 호재를 구분해줄 사람, 그게 바로 지역을 꿰뚫고 있는 로컬 부동산의 위력이다.

 **내집마련 첫걸음**

그렇다고, 로컬 부동산의 말을 맹신해서는 안 된다. 중개사의 말을 확인하는 건 오로지 나의 몫이다.

"광명에서 목감까지 10분이면 가요"라고 하면 반드시 직접 출퇴근 시간대에 이동해봐야 한다. 부동산이 말한 '10분'은 언제 출발한 기준일까? 복잡한 출근시간일까, 한가한 점심시간일까? 실제 시간, 교통 흐름, 체감되는 거리감 등은 체험이 답이다.

내집마련 첫걸음 020

이런 '공사'를 하고 있다면
주의깊게 볼 것

본격 개발 전에 하는 공사

    임장을 다니다 보면 공사 때문에 길에서 자주 멈춰 서게 된다. 주변에 여기저기 붙은 종이를 유심히 보면, A4 용지에 공문 형식으로 붙어 있는 알림장들이 보인다.

    초보자들과 함께 임장을 다녀보면 "왜 선생님 눈에만 그런 게 보여요?"라고 묻는 경우가 많다. 분명 같은 길을 걷고 있는데, 벽이나 빌라 출입문, 전봇대에 붙어 있는 시/구청의 안내 종이들이 나에겐 보이지만 초보자들은 그냥 지나친다.

    어찌 보면 당연한 일이다. 부동산에 대한 관심이 부족하고 어떤 걸 봐야 하는지 모르는 시기에는 공지사항들이 눈에 잘 띄지 않는다. 하지만 임장을 다니면서 온 신경을 곤두세우면 이런 것들이 자연스럽게 보이게 된다.

길을 걷다 보면 도로 위에 파란색이나 빨간색 스프레이로 선이 그어진 걸 본 적 있을 것이다. 사람들은 단순히 공사하는 정도로만 생각하고 지나가는데 이 표시들은 각각 다른 의미를 지니고 있다. 신규 건물, 개발 지역에 통신 인프라를 깔 때 지면에 미리 표시해두는 것이다.

▎도로에 표시해둔 스프레이 ▎

　예를 들어, 상하수도 공사인지 가스관 공사인지에 따라 색깔이나 표시 방법이 다르다. 또 공사 규모에 따라서도 표시가 다르다. 이 부분을 미리 알고 있으면 그 동네에서 어떤 공사를 진행하여 어떤 변화가 일어날지 예측이 가능하다.

　종이로 붙여진 공지사항이나 스프레이 표시는 내집마련을 하는 것과 밀접한 관계가 있다.
　만약 대규모 도로 공사가 예정되어 있다면 공사기간 동안 교통이 불편하고 소음이 심할 수 있다. 반대로 지하철 연장 공사나 도시 개발 사업이 진행된다면 동네의 가치가 상승한다.

┃ 도로 스프레이 색깔별 의미 ┃

색상	파란색	빨간색	초록색	노란색	하얀색
의미	통신선	전기선	하수도	가스관	일반 가이드라인
관련 기관	통신사, 공사	한국전력, 교통신호	지자체, 수도사업소	도시가스 업체	도로공사, 시공사 등

* 법으로 딱 정해진 기준은 아니지만, 저자가 직접 임장을 다니며 수많은 현장에서 쌓아온 경험을 정리한 표.

상하수도 교체 공사가 있다면 공사기간 동안 물을 사용할 때 문제가 없는지 확인해야 하고, 가스관 공사가 있다면 안전 문제를 고려해야 한다. 공사에 따라 주의해야 하는 정보들을 미리 알고 있으면 집을 살 때 더 현명한 판단을 할 수 있다.

전봇대나 건물 입구를 지날 때는 주변을 한 번씩 살펴보고, 도로를 걸을 때도 바닥에 그어진 선들을 유심히 보자. 처음에는 뭔지 몰라도 괜찮다. 나중에 어떤 정보였는지 찾아보면 된다.

 내집마련 첫걸음

주변에 관심을 가지고 있으면 공사에 관한 정보를 알게 되고, '이 동네에 큰 공사가 있겠구나' 하는 걸 미리 알 수 있다. 그리고 이런 정보들이 쌓이면 더 좋은 집을 찾는데 큰 도움이 된다.

내집마련 첫걸음 021

뉴스를 그대로 믿다니!
모든 정보는 해석이 필요하다

뉴스에서 말하는 신호 구별법

부동산 뉴스를 듣는 대로, 보이는 대로 믿고 판단하기

vs

아니면, 나만의 해석을 통해 판단하기

    나는 TV 뉴스보다 신문 기사를 선호한다. 남의 흐름이 아닌 내 흐름으로 뉴스를 읽어갈 수 있기 때문이다. 신문을 볼 때는 무작정 읽기보다 줄을 치면서 읽고, 필요한 정보만 걸러내는 습관을 길러야 한다.

    예를 들어, 아파트 재건축 시공사 선정에 관한 기사가 있다. 관심이 없는 지역, 소유하고 있지 않은 지역의 기사라도 한 줄씩 분석하는 연습을 해야 한다. 어떤 시공사가 관심을 보여 입찰을 하는지, 그 회사의 자금 여력이 있는지, 어떤 레벨의 업체가 해당 지역에 들어오려 하는지 등을 살펴보고 동네의 수준을 판단하면 된다. 입찰을 이긴 시공사가 자금력이 있다면 이주 시 자금 지원도 가능하다.

예를 들어, 'n차 이상 경쟁 입찰이 유찰된 경우'라는 기사를 보면 '건설사가 n번이나 경쟁 입찰을 안 해?', '사업성이 없나?' 이렇게 생각하겠지만 그 문구에 숨은 의미를 찾아야 한다. 실제로는 들어가고 싶은데 못 들어가는 상황일 수도 있다. 건설사가 정말 입찰을 안 들어간 건지, 못 들어간 건지 판단해보자.

그리고 "○○ 인근에 1,100가구가 들어온다"라는 기사가 떴다는 건 이미 발표가 끝난 지역이다. 여기서 중요한 건 진도 파악이다. 많은 사람들은 '개발을 이제야 시작하는 건가?' 생각하지만 실제 현장의 속도는 "해당 구역은 주민들이 알아서 동의서를 모아 오시오. 그러면 1,100가구를 짓도록 허락하겠소"라는 뜻이다.

뉴스 기사 타이밍과 현장 타이밍은 다르다. 그래서 기사만 보고 투자하러 가는 행동은 시점을 잘못 짚는 투자다.

"집값이 내년에 오른다. 급매물을 잡아야 한다. 금리 인하와 공급 부족으로 인한 집값 상승이다."

이런 기사는 어떻게 해석해야 할까? '집값이 폭등할 예정이니 당장 사야 할까?' 아니면 '또 존버 해야 할까?' 실제로는 당장 가격이 폭등한다는 말이 아닐 수도 있다. 금리가 인하된다고 해서 은행을 가보면 은행은 아직 현재 상황이 아니라며 말을 흐린다. 심지어는 업무 지시조차 내려오기 전이다.

    기사는 지금 안 사면 손해인 것처럼 분위기를 만든다. 갑자기 리스크가 발생했을 때 본인이 감당하며 실거주할 생각이 아니라면, 기사 글만 보고 무턱대고 부동산을 사러 가면 안 된다. 정보 수단인 동시에 판단을 흐리는 도구가 될 수도 있다.

 내집마련 첫걸음

자신의 기준과 경험을 바탕으로 뉴스를 해석해 필터링하는 것이 핵심이다. 뉴스를 제대로 분석하면 어디가 개발될지, 어디에 도로가 먼저 뚫릴지 알 수 있다. 가짜 정보에 넘어가지 않고 진짜 정보만 흡수할 수 있도록 뉴스를 해석하는 훈련을 하자.

내집마련 첫걸음 022

평생 한 번 쓸 수 있는 '생애최초대출' 제대로 활용하기

딱 한 번 주어지는 기회

돈이 부족해도 나의 첫 집을 가질 수 있다.

이때 우리가 쓸 수 있는 혜택은 '생애최초대출'이다.

생애최초대출은 처음으로 집을 마련하는 사람들을 위한 특별한 제도다. 일반 주택담보대출보다 저금리로 주택 구입 자금을 빌려주고, (예비)신혼부부라면 한도가 더 늘어난다. 정부가 실수요자의 내집마련을 돕기 위해 만들었는데 말 그대로 딱 한 번만 주어지는 소중한 기회다.

처음으로 내 집을 사는 것이니 제대로 된 집을 사는 것이 중요하다. 매달 대출금을 상환해야 하더라도 "이 집이라면 기쁘게 대출금을 낼 수 있다"고 느낄 만한 집을 찾아야 한다.

혹시, 자신의 첫 집이 어떤 집이면 좋을지 진지하게 생각해본 적이 있는가?

사람들은 막연히 내 집을 원하지만, 정작 어떤 집에 살고 싶은지 구체적인 내용은 그리지 못한다. 첫 집은 단순한 주거 공간으로 끝내면 안 된다. 나의 생활 패턴, 미래 계획, 가치관이 담긴 공간이어야 한다. 특히 처음 구매하는 집이라면 이런 질문을 스스로에게 해보는 걸 추천한다.

첫 집을 구매하기 전에 꼭 해야 할 질문

Q. 나는 어떤 집에서 가장 편안함을 느끼는가? 예) 도심, 조용한 외곽

Q. 출퇴근 시간은 얼마나 중요한가? 지금 나에게 가장 중요한 공간은?
  주방, 재택 업무 공간, 넓은 방

Q. 5~10년 후 내 집의 쓰임은?
  신혼집, 가족 구성원 및 직업 등의 변화를 고려한 집

Q. 내 집에서 무엇을 느끼고 싶은가? 안정, 자부심, 편안함

스스로 이런 질문을 하고 답을 찾아갈수록 내가 원하는 첫 집의 모습이 잡힌다. 어쩌면 당장은 어려운 집이 답으로 나올 수 있다. 하지만 목표가 있다면 단계적으로 그 꿈에 다가갈 수 있을 것이다.

생애최초대출은 내 꿈을 향해 나아가게 할 훌륭한 도구다. 매달 대출금을 내면서도 '이 집이라서 다행이다'라고 느낄 수 있는 집을 찾길 바란다.

한눈에 확인하는 대출 정보

❶ 디딤돌대출

- 대상 : 부부합산 연소득 6,000만원 이하 무주택자
    - 생애최초 및 2자녀 이상 가구 7,000만원 이하
    - 신혼가구 8,500만원 이하
    - 5억원 이하 공부상주택(신혼 / 2자녀 이상 가구 6억원)
- 한도 : 기본 2억원
    - 생애최초 주택 구입자 2.4억원
    - 신혼 및 2자녀 이상 가구 3.2억원
- 금리 : 소득, 지역, 자녀수에 따라 차등, 금리우대 적용

❷ 보금자리론

- 대상 : 무주택자 또는 1주택 처분조건(기존 주택 2년 내)
    - 연소득 7천만원 이하(신혼부부 및 결혼 예정자 8,500만원 이하, 미성년 1자녀 9천만원, 다자녀가구 1억원)
    - 주택 6억원 이하 공부상 주택
- 한도 : 최대 3억 6천만원(다자녀 및 전세 사기 피해자 4억원, 생애최초 4억 2천만원)
- 금리 : 고정금리, 소득과 대출 기간에 따라 차등

❸ 신혼부부 전용 구입자금

- 대상 : 혼인 7년 이내 또는 3개월 내 결혼 예정자
    - 연소득 8,500만원 이하 무주택
    - 주거 전용면적이 85㎡(수도권을 제외한 도시지역이 아닌 읍 또는 면 지역 100㎡), 주택으로 담보주택평가액 6억원 이하

- 한도 : 다음 중 작은 금액으로 산정
  - 3.2억원 이내(LTV, DTI 적용) DTI 60% 이내, LTV 80% 이내
    (수도권·규제지역 소재 주택은 LTV 70% 이내)
    * 단, 25. 6. 27 이전 계약 체결 건은 4억원 이내 적용
    * 2016년 12월 31일까지 신청 접수분에 한하여 DTI 60% 초과 80% 이내인 경우 LTV 60% 적용
  - 매매(분양)가격 이내로 하되, 대출 총액은 (본건 내집마련 디딤돌 대출 + 국민주택건설자금 + 중도금대출 + 기금대출)은 매매가격 초과 불가
  - 대출금액 = [(담보주택 평가액 × LTV) − 선순위채권 − 임대보증금 및 최우선변제 소액임차보증금]
- 금리 : 대출 기간, 연 소득에 따라 차등

❹ 신생아 특례 디딤돌대출

- 대상 : 출산 예정이거나 만 2세 이하 자녀를 둔 가구
  - 부부합산 연 소득 1.3억원 이하(맞벌이 2억원 이하)
  - 주택 9억원 이하, 전용 85㎡ 이하(수도권을 제외한 도시지역이 아닌 읍 또는 면 지역 100㎡)
- 한도 : 4억원(LTV 70%, DTI 60% 이내. 단, 생애최초 주택 구입자는 LTV 80% 적용하되, 수도권·규제지역 소재 주택 구입 시 LTV 70% 적용)
- 금리 : 연 소득, 대출 기간에 따라 차등

[보충 설명]

- 2025년 9월 기준으로 만들어진 자료이며, 정책 변경 가능성이 있으므로 대출 신청 전 반드시 최신 정보를 확인해야 함.
- 전용면적 기준 : 대부분 85㎡ 이하(신혼·다자녀는 100㎡까지 완화)
- 중복 불가 : 같은 주택 구입에 둘 이상 대출 상품 동시 적용은 안 됨.
- 모든 대출은 주택금융공사, 은행 심사 결과에 따라 대출 여부, 대출 한도가 결정됨.

내집마련 첫걸음 023

길치도 단번에 기억하는 동네 구분법

오감을 여는 현장 체험학습

　부동산 초보자나 길치인 사람들에게 여러 동네를 둘러보고 비교하는 일은 정말 어려운 과제다. 특히 길치라면 한 번 가본 동네도 다시 찾아가기 힘들고, 어느 지역이 어디인지 혼동되기 쉽다. 지도 앱을 열심히 봐도 실제 현장 임장에서는 방향 감각을 잃어버리곤 한다.

　하지만 방법을 찾으면 된다. 지도나 주소를 외우지 않아도 동네를 확실하게 기억하는 방법이 있다. 바로 우리의 오감을 활용하는 것이다. 시각, 청각, 후각, 미각, 촉각으로 동네를 기억하면 길치도 쉽게 동네를 구분하고 기억할 수 있다.

① 시각으로 기억하기 : 눈에 띄는 랜드마크

모든 동네에는 특별한 랜드마크가 있다. 유명 기업의 사옥, 독특한 디자인의 건물 등이 좋은 예다. 서울특별시 강남구 삼성동은 코엑스, 마포구 상암동은 방송국 사옥 등이 있다.

이렇게 특이한 건물이나 눈에 띄는 장소를 기준으로 동네를 기억하면 길을 잃을 확률이 줄어든다.

② 후각으로 기억하기 : 동네만의 냄새

각 동네에는 특유의 냄새가 있다. 유명한 빵집이 있는 동네는 그 가게의 빵 냄새가, 카페가 많은 동네는 원두향이, 쇠가 많은 문래동 공장 지역을 지날 때는 먼지 냄새와 쇳가루 냄새가, 중국 향신료가 많은 대림동을 지날 때는 마치 중국에 간 것 같은 향을 느낄 수 있다. 이런 냄새는 우리 기억에 강하게 기억된다.

③ 미각으로 기억하기 : 동네 맛집

동네를 기억하는 가장 즐거운 방법은 그 동네의 맛으로 기억하는 것이다. 동네마다 맛집을 검색하고 찾아가면 그 맛과 함께 동네 전체가 기억에 남는다.

부동산 투자를 시작한 후, 나는 방문하는 동네마다 꼭 맛집을 만들었다. ○○동은 곱창이 맛있는 동네, ○○동은 빵집이 유명한 동네, ○○동은 라떼가 맛있는 동네 등 맛으로 동네를 구분하니 훨씬 기억하기 쉬웠고, 또다시 가도 그 길이 모두 기억났다.

맛집을 기준으로 동네를 기억하면 또 다른 장점이 있다. 그 동네 사람들이 어떤 음식을 좋아하는지, 어떤 소비 성향을 가졌는지도 간접적으로 알 수 있다. 비싼 파인다이닝이 많은 동네와 대중적인 분식집이 많은 동네는 주민들의 소비 수준부터 다르며 음식값으로 그 동네만의 물가도 예상할 수 있다.

④ 청각으로 기억하기 : 동네만의 특별한 소리

여러 동네를 가보면 들리는 소리도 각각 다르다. 학교 근처는 아이들 소리, 상업지구는 회사원들의 북적임, 주택가는 고요함이 있다. 소리는 그 동네의 분위기와 생활을 그대로 알려준다.

24시간 차량 소리가 끊이지 않는 동네는 소음 문제가 있을 수 있고, 밤에 시끄러운 유흥 소리가 들린다면 주거환경으로 적합하지 않다.

⑤ 촉각으로 기억하기 : 걷기

마지막으로, 동네를 걸을 때의 느낌도 중요한 기억 포인트다. 경사가 많은 동네, 걷기 편한 동네, 울퉁불퉁한 동네, 정비가 잘된 동네는 걸을 때 느낌이 다르다. 인도가 넓어서 반려동물과 산책이 여유로운지, 걷다가 서로를 배려해서 먼저 지나가도록 비켜주는지 등 발로 느끼는 감각도 동네를 구분하는 데 도움이 된다.

임장을 갔던 어느 빌라는 구릉지에 위치해 항상 오르막과 내리막을 걸어야 하는 곳에 있었다. 언덕 위에 위치한 집은 조망이 좋을 거라는 기대가 있었지만, 한편으로는 매일 언덕을 오르내려야 한다고 생각하니 나의 무릎 건강이 버틸 수 있을지 걱정되었다. 그런데 무릎이 가슴과 맞닿을 만큼 높은 언덕인데도 살고 있는 주민들은 언덕을 아무렇지 않게 올라갔다.

언덕이 다른 동네에서는 피해야 할 특성이었지만, 오르막과 내리막이 반복되는 지형인 이 동네에서는 기피대상이 아니었다.

동네마다 특징이 있고 다르게 적용되는 현장감은 직접 걸어보지 않았다면 알 수 없었을 정보다.

이런 식으로 오감을 활용하면 길치인 사람도 각 동네의 특성을 구분하고, 쉽게 다시 찾아갈 수 있다.

 내집마련 첫걸음

부동산 투자에서 현장 경험은 정말 중요하다. 인터넷에서 정보를 많이 봐도, 직접 가서 보고 느끼는 것만큼 정확한 것은 없다. 길치라고 포기하지 말고, 오감을 활용해 동네를 기억하는 방법을 시도해보자. 각자 본인만의 특별한 동네 지도가 생길 것이다.

내집마련 첫걸음 024

부동산 시장에 부는 유행, 탑승에도 공부가 필요하다

유행도 잘 따라가야 흥행한다

　어린 시절 일요일 저녁이면 '개그콘서트'가 끝나야 아이들은 잠을 잘 수 있었다. 다음 날 학교에 가서 친구들과 소통해야 하기 때문이다. 새로운 유행어를 모르면 금세 왕따가 되는 경험을 했던 그 아이들은 어른이 되어 또 다른 유행어를 배우기 위해 애쓴다. 그 유행어가 공교롭게도 부동산 시장에서 생성되었고, 그것은 마치 그 언어를 모르면 소통할 수 없게 된 월요일의 학교 모습을 하고 있다.

　'똘똘한 한 채', '한강뷰', '강남 8학군', '갭투자', '복부인' 등의 단어는 40여 년 동안 강남이 생기면서 우리와 함께 성장한 부동산 유행어들이다.

　하지만 어린 시절과 다른 점이 있다. 학교에서는 유행어를 모르면 그냥 소외되는 정도였지만 부동산에서 유행을 잘못 따라가면 몇억 원 또는 그동안 모은 전 재산을 잃을 수도 있다. 그래서 유행을 무조건 따라가는 것보다는 제대로 공부하고 트랜드에 탑승해야 한다.

최근 '똘똘한 한 채'는 부동산 뉴스에서 흔하게 보이는 단어 중 하나다. 모든 부동산 커뮤니티에 이 말이 난무했고, 너도나도 똘똘한 한 채를 찾아 헤맸다. 최근에서는 신축 아파트가 너무 귀한 상황이라서 신축 아파트 불패를 외치고 있다.

하지만 이런 유행은 대부분 늦은 기회다. 유행이라는 것은 이미 많은 사람들이 알고 있고 관심이 있다는 뜻이다. 즉 이미 사람들의 호감도에 따라 충분히 가격이 반영되었을 가능성이 높다.

똘똘한 한 채가 유행했을 때를 생각해보면 모든 사람들이 좋은 위치에 있는 작은 평수의 아파트를 선호했다. 당연히 그런 집들의 가격은 급등했다. 하지만 유행에 늦게 참가한 사람들은 비싼 가격에 사게 되었고, 가격 상승이 반영된 뒤에는 시세차익을 내기 어려워졌다.

한강뷰도 마찬가지다. 한강이 보이는 집이라면 무조건 좋다는 인식이 생기면서, 한강뷰 아파트 가격이 치솟았다.

과연 한강뷰를 가진 집이라면 모두 금액 대비 투자가치가 있을까?

한강은 보이지만 교통이 불편하거나 주변 인프라가 상대적으로 부족한 곳도 있다. 심지어 우울증이 심한 사람은 한강을 내려다보면 더 악화될 수도 있다는 의학적 견해도 있다.

우리는 진짜 기회를 통해 성공해야 한다. 기회는 유행이 되기 전에 있다. 남들이 관심을 갖지 않을 때, 가치에 비해 가격이 저평가되어 있을 때, 그때가 진짜 기회다. 어린 시절 유행어를 먼저 만들어내던 개그맨들처럼 부동산에서도 유행을 만드는 사람이 진짜 승자다.

트렌드의 흐름을 읽지 말고 유행을 완전히 무시하라는 말이 아니다. 유행을 잘 활용하라는 뜻이다. 신축 아파트가 유행이라면 내가 가지고 있는 빌라는 어떤 식으로 활용할 수 있는지, 또는 이러한 유행을 타고 있는 사람들에게 어떻게 활용될지 생각해봐야 한다.

(유행을 역이용하는 전략) 신축을 원하는 사람들이 많아지면 기존 주택에 대한 관심이 줄어들면서 오히려 좋은 기존 주택을 저렴하게 매수할 기회가 생긴다. 또는 내가 가진 빌라를 리모델링해서 준신축처럼 만들어 임대하거나 매도하는 전략도 있다.

근본적으로 부동산 유행과 전혀 상관없는 진리가 있다. 부동산에 진짜 유행은 없다. 좋은 입지는 언제나 좋은 입지고, 나쁜 입지는 유행이 와도 좋아지지 않는다. 교통이 편리하고 인프라가 좋고 개발 가능성이 높은 곳의 본질적 가치는 유행과 상관없이 변하지 않는다.

유행을 타는 것도 하나의 전략이 될 수 있지만 유행을 제대로 이해해야 활용이 가능하다. 공부하지 않은 유행 탑승은 위험하다. 성공하는 투자자는 유행을 만들거나 유행 전에 미리 준비한 사람이다.

 내집마련 첫걸음

유행에 휩쓸리지 않는 법
- 왜 유행인지 분석 : 합리적인 이유가 있는지, 단순한 감정적 반응인지.
- 내 목표 및 상황 : 나와 맞는 유행인지, 남들이 좋아해서 따라 사는 것인지.
- 유행의 기간 : 유행이 절정이면 이미 늦었다.
- 팩트 체크 : 순간의 감정이 아닌 거시적 안목으로 현실을 체크해 판단하는 습관 만들기.

내집마련 첫걸음 025

좋은 동네에서도 좋은 집은 따로 있다

범위의 기준을 좁혀가며 집의 가치 드러내기

부동산에서 가장 큰 오해 중 하나는 좋은 동네에 있으면 모든 집이 좋다고 생각하는 것이다. 같은 동네, 심지어 같은 단지 내에서도 집의 가치는 천차만별로 달라질 수 있다.

우리나라, 아니 집중적으로 수도권에서 좋은 동네란 어디일까? (저자는 수도권 전문가다.) 많은 사람들이 다양하게 좋은 동네를 말하지만 그 기준은 사람마다 다를 수 있다.

중요한 것은 좋은 동네라는 개념이 두 가지 관점에서 평가된다는 점이다. 하나는 살기 좋은 동네이고, 다른 하나는 사기(투자하기) 좋은 동네다.

살기 좋은 동네와 사기 좋은 동네는 완전히 같을 수도 완전히 다를 수도 있다. 이상적인 것은 물론 둘 다 좋은 집이지만, 현실에서는 둘 중 무엇을 더 중요시할지 선택해야 한다.

이에 따라 집은 크게 네 가지로 구분할 수 있다.

① 살기 좋고, 사기도 좋은 집
② 살기는 좋지만, 사기에는 좋지 않은 집
③ 살기는 좋지 않지만, 사기에는 좋은 집
④ 살기도 좋지 않고, 사기도 좋지 않은 집(피해야 할 선택)

집을 선택할 때는 이렇게 기준을 정해두고 범위를 점점 좁혀가며 필터링 하는 기술이 필요하다. 초보자들은 강남, 판교 등 큰 지역 이름만 보고 결정하지만, 고수들은 더 깊이 들어가 세부적으로 분석한다.

좋은 동네와 좋은 집 선택은 넓은 범위에서 시작해 점점 좁혀가는 과정이다. 먼저 살고 싶은 도시나 지역을 정하고, 그 다음 구 또는 동을 선택하고, 그 안에서도 어떤 구역이 구매하기 좋을지 결정한다. 마지막으로, 같은 동네 안에서도 어떤 위치, 어떤 건물이 최적인지 파악해야 한다. 그 건물 안에서는 어떤 방향, 어떤 층, 어떤 호실의 가치가 가장 높게 평가되는지를 알아본다.

여기서 중요한 포인트는 같은 동네, 같은 건물 안에서 미세한 차이를 보는 것이다. 같은 동네여도 특정 구역으로 나누어 볼 때 A구역이 B구역보다 훨씬 더 살기 좋거나 투자가치가 높을 수 있다.

- 같은 아파트 단지에서도 한강이 보이는 동과 그렇지 않은 동의 가격 차이
- 같은 건물에 대로변을 접한 1호 라인의 집과 안쪽에 있는 2호 라인의 집은 소

음 차이가 크다.
- 길 하나를 사이에 두고 학군이 갈리는 경우, 100m 차이로 집값이 달라질 수 있다.
- 1호 라인은 적정한 시간에 알맞은 일조량이 거실 창으로 들어오는데, 하루 종일 햇볕이 들어오지 않는 2호 라인도 있다.

이런 차이는 부동산 앱이나 웹사이트로는 알 수 없다. 직접 동네를 여러 번 임장해보고 다양한 시간대에 살펴봐야 알 수 있는 정보다.

사람들이 흔히 좋은 동네라고 하면 강남, 용산, 마포 같은 큰 범주에서 생각하지만, 진짜 중요한 것은 그 안에서 어떤 특정 구역, 특정 골목을 선택하느냐다. 그런 미세한 차이가 결국 살기 좋은 집과 그저 그런 집, 가치가 계속 상승하는 집과 제자리걸음인 집의 차이를 만든다.

그러면 집을 고를 때 필터링은 어떻게 해야 할까? 모든 사람의 상황과 우선순위가 다르기 때문에 자신만의 체크리스트를 만드는 것이 중요하다.

 내집마련 첫걸음

거주 가치 vs 투자 가치
- 거주 가치 요소 : 통근/통학, 생활시설과의 거리, 소음, 안전, 녹지, 이웃, 주차
- 투자 가치 요소 : 개발, 인구 유입, 희소성, 상권 발달, 교통, 해당 지역의 가격 변동

매주 발표되는 부동산 정보는 ○○에서 확인

공신력 있는 정보 수집하는 법

우리가 너무 당연하게 생각하고 방심하고 있었던 것을 다시 짚고 넘어갈 필요가 있다.

공부를 하면서 모르는 내용이나 더 알고 싶은 내용이 생긴다면 어떻게 궁금증을 해소하는가? 대다수의 사람들이 네이버에 검색하여 해당 내용을 친절하게 설명해둔 블로그, 카페 게시글로 답을 찾아내고 있을 것이다.

부동산 관련 정보 또한 이 방법으로 네이버 블로그에서 확인하고 신뢰하고 있었다면 이 내용을 필독하길 바란다.

내집마련을 하기 위해서는 내가 원하는 집을 찾고, 알맞은 금액대를 조사하고, 부수적으로 누릴 인프라와 미래 가치가 있는지까지 찾을 줄 알아야 한다.

모든 것이 처음이라면 매물은 어떤 사이트에서 어떻게 봐야 하는지, 관련된 개발 정보는 어디서 찾는지, 어떤 정보가 정확한 정보인지 구분할 수 있는 능력이 부족하다. 실수를 경험으로 치부하기에는 소중한 시간과 비용이 소모되니 시작부터 완벽하지 않더라도 내가 할 수 있는 확실한 노력을 해야 한다.

성공적인 내집마련을 위한 집 찾기의 과정을 크게 3가지로 나눈다면 다음과 같다.

① 부동산 매물 찾기
② 찾은 집 제대로 알아보기
③ 정책 발표

1. 부동산 매물 찾기

네이버 부동산
네이버 부동산은 사람들이 가장 편하게 사용하는 사이트 중 하나다. 찾고자 하는 집의 조건을 변경하여 검색할 수 있기 때문에 매물 검색이 쉽다.

피터팬의 좋은 방 구하기
사이트도 있지만 네이버 카페가 유명하다. 매매뿐만 아니라 전세, 월세를 구하는 임차인들도 유용하게 활용하고 있다. 임대인, 임차인, 매도자,

매수자 모두 해당 카페에서 정보를 공유하고 거래한다. 네이버 부동산 매물에 등록되지 않은 좋은 매물이 해당 카페에 게시되어 있을 수도 있으니 숨어 있는 매물을 찾고 싶다면 이 사이트를 추천한다.

당근

중고거래 플랫폼으로 유명한 당근이 부동산 시장까지 진출했다. 이미 많은 사람들이 활용하고 있는 만큼 매물 또한 많이 등록되어 있다. 다만 당근을 통한 거래에서 사건 사고가 빈번하게 일어나고 있다는 점을 고려해 신중하게 결정할 것을 권장한다.

KB부동산

세금이나 대출의 기준이 되는 시세를 제공하는 사이트다. 짚고 넘어가야 할 점은 KB부동산과 한국부동산원 시세가 차이 나는데, 어떤 것을 기준으로 하여 대출을 해주는지 확인해야 한다.

2. 찾은 집 제대로 알아보기

집품(집에 대한 모든 정보)

실거래가, 공시지가, 도면, 관리비, 주변 인프라 등 집의 전반적인 내용을 한 번에 확인할 수 있다. 거주 후기를 볼 수 있는 카테고리가 있어 집의 장점 및 단점을 확인할 수 있다. 하지만 후기 작성자들이 실거주 했는지를 철저하게 검토하지 않는다는 점을 고려해야 한다.

부동산 지인

아파트 통계를 확인하고 싶은 사람들이 활용하면 좋은 사이트다. 월간 시장 동향 리포트, 기간별 수요-입주 데이터, 전출입 데이터 등 빅데이터를 한 곳에서 확인할 수 있다. 지도를 보며 중개사 전화번호를 확인할 수 있는 페이지도 제공한다. 잘 활용한다면 수월한 손품 조사를 할 수 있다.

아실(아파트 실거래가)

실거래가 확인 및 경매, 공매 물건 또한 검색이 가능하다. 지도에 발표된 개발 구역과 지하철 라인까지 보기 쉽게 구성되어 있다. 개발 구역을 빠르게 확인하고 싶을 때 유용한 사이트다.

다만, 정확한 개발 구역 라인 및 진행 상황은 국가에서 운영하는 공신력 있는 정보에서 찾아야 한다.

(아실을 네이버페이에서 인수한다고 하니 네이버 부동산과 겹칠 수 있다.)

부동산 공시가격 알리미

국토교통부에서 부동산 공시가격을 열람할 수 있도록 제공하는 사이트다. 공동주택 공시가격, 표준 단독주택 공시가격, 개별 단독주택 공시가격 모두 확인이 가능하다. 공동주택의 경우 매년 1월 1일(정기분) 및 6월 1일(추가분)을 기준으로 공동주택에 대한 적정가격을 산정하므로, 확인이 필요할 때 해당 사이트를 활용하길 권장한다.

그 외 사이트

- 호갱노노
- 디스코(상업용)

- 벨류맵(상업용)
- APTIE 앱티(아파트 오늘의 실거래가 검색)

3. 정책 발표

코리아닥스

국가에서 발표하는 공신력 있는 모든 부동산 정책 및 개발 자료를 업로드하는 사이트다. 흩어져 있는 부동산 정보들을 공부하기 어려울 때 해당 사이트에 접속한다면 한 번에 많은 정보들을 확인할 수 있다.

서울도시공간포털

타 사이트는 전반적인 부동산 시장 및 정책의 모든 것을 보여주었다면, 이 사이트는 오로지 '서울'의 이야기만 담아냈다. 핵심사업, 도시관리 계획, 생활권 계획 등 서울이라는 도시를 공부하고 싶은 사람들에게 유용하다.

그 외 사이트

- 정비사업 정비몽땅
- 대한민국 정책브리핑

내집마련 첫걸음 027

재개발과 재건축의 차이? 모아타운과 가로정비는 또 뭐지?

개발사업 용어 이해하기

　재개발, 재건축, 모아타운, 가로정비 등 다양한 이름을 가진 개발사업 명칭이 있다. 부동산 공부를 시작하면 가장 헷갈리는 내용 중 하나가 개발사업 용어다. 재개발, 재건축 이름도 비슷하고 초보라면 정확한 내용을 알기 어렵다.
　여러 현장에서는 주민 설명회, 주민 공청회, 주민의견수렴 설명회 등 다양한 형태로 주민이 알아야 할 내용을 학습시켜주고 있다. 제대로 알고 공부해야 현장마다 상이한 개발방식이나 새롭게 바뀌는 개발 유형에 대해 이해하면서 예측할 수 있다.

　개발 유형의 대표적인 방식은 '재개발'과 '재건축'이다.
　집을 부수고 다시 짓는 건 똑같은데 왜 이름은 다를까?

목적과 사업방식 등 많은 차이가 있지만 구분하기 쉽게 설명하자면, 어떤 것을 철거하는지에 따라 사업명이 달라진다. 정비기반 시설이 열악한 곳에 위치한 빌라나 단독주택을 부수고 지으면 재개발, 낡은 아파트를 부수고 새 아파트를 지으면 재건축이다.

서울시의 '국토공간계획'을 보면 '도시/주거환경 정비기본계획'에 주거환경 개선사업, 재개발사업, 재건축사업이 있다.

┃ 서울도시계획포털 ┃

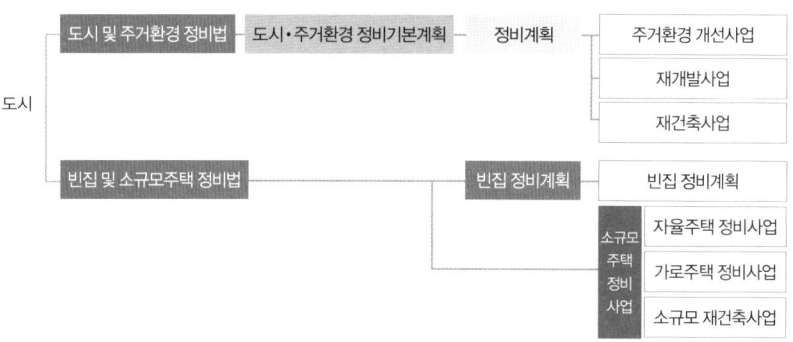

여기서 말하는 주거환경 개선사업은 이름이 길어 어렵지만 '달동네'를 생각하면 이해하기 쉽다. 주거환경이 좋지 않은데 거주민들이 직접 정비사업을 진행할 여력이 없는 경우 공공기관(SH, LH 등)이 시행자가 되어 주변 환경을 개선해주는 사업이다.

최근에는 대규모 재개발보다 빠르게 할 수 있는 소규모 정비사업을 추진하는 곳이 많아졌다. 소규모 주택 정비법에는 여러 종류가 있다.

- 자율주택 정비사업은 노후(불량) 건축물이 전체 2/3 이상 10필지 내외를 통합 개발하여 조성하는 사업이다. 주민들이 자율적으로 추진하는 소규모 재개발이라 보면 된다.

- 가로정비 주택사업은 골목(가로)을 유지하면서 개발하는 방법이다. 정비구역으로 지정되지 않은 노후 저층 주거지를 소규모로 정비하여 주거환경을 개선하는 사업이다. 기존 골목길은 그대로 두고 집만 새로 짓는 방식이라서 동네 정체성을 유지하면서 새 집으로 변한다는 장점이 있다.

- 소규모 재건축사업은 소규모로 노후화된 공동주택 단지를 정비하기 위한 사업이다. 일반 재건축과 달리 사업시행구역 면적이 1만 제곱미터 미만이어야 가능하다. 규모가 작아서 일반 재건축보다 빠르게 진행할 수 있다는 것이 특징이다.

추가로 구도심이지만 신축과 구축 건물이 혼재돼 있어 대규모 개발이 어려웠던 소규모 필지도 재개발에 탄력을 받게 되었다. 서울시는 '소규모 재개발'을 위해 용도지역 상향 및 용적률 완화 등 운영기준을 신설하고 관련 조례를 개정했다. 이를 통해 낙후된 철도역 주변과 준공업 지역의 도시환경 개선, 주택이 없던 지역의 아파트 재개발이 가능해졌다.

모아타운과 모아주택 뭐가 다를까?

> 모아타운은 재개발이 어려운 노후 저층 주거지를 블록 단위로 모아 단지화 시키는 정비방법이다. 여러 블록을 묶어서 하나의 큰 단지로 만드는 것이라 보면 된다.

모아주택은 말 그대로 주택 여러 개를 모아서 새로 만드는 재개발사업이다. 여러 필지의 소유자들이 자발적으로 모여 새로운 집을 짓는 소규모 정비사업이라 생각하면 된다. 서로 이웃한 필지들을 합쳐서 공동개발하는 방식이다.

| 모아타운 모아주택 유형 |

구분	자율주택형	가로주택형	소규모 재건축형	소규모 재개발형
대상지	–	2만㎡ 미만	1만㎡ 미만 아파트 (200세대 미만)	5천㎡ 미만 역세권 250m 이내 / 준공업지역
방식	주민합의체 또는 공공과 공동	조합 또는 주민합의체	조합 또는 주민합의체	조합 또는 주민합의체
동의기준	소유자 80% 이상 토지면적 2/3 이상	소유자 80% 이상 토지면적 2/3 이상	구분소유자 3/4 이상 토지면적 3/4 이상	소유자 80% 이상 토지면적 2/3 이상
노후도 (사업기준)	노후(불량) 건축물 60% 이상	노후(불량) 건축물 60% 이상	노후(불량) 건축물 100분의 60 이상	노후(불량) 건축물 100분의 60 이상

출처 : 서울특별시 홈페이지

가로정비와 모아주택
차이점은 무엇일까?

> 가로정비는 기존에 있는 가로를 보존하면서 블록 단위로 개발한다. 반면에 모아주택은 서로 이웃한 필지를 묶어 공동 개발을 해서 단지처럼 공동주택을 짓는다. (모아주택은 소규모 정비사업의 서울시 버전이다.)

개발을 어떻게 하는지 방식을 알고 현장에 다니면 훨씬 정확한 판단을 할 수 있다. 재개발이나 재건축 지역을 임장할 때는 진행 현황을 확인해야 한다. 추진위원회 단계인지, 조합설립 인가를 받았는지, 사업시행 인가까지 났는지에 따라 진행 여부가 달라진다. 주민 동의율과 반대세력 유무도 중요하고 예상 완료 시기와 분담금 규모도 파악해야 한다.

정부 차원에서 소규모 정비사업 지역을 볼 때는 주민들의 자발적 참여 의지가 중요하다. 통합이 가능한지, 소유주들이 협조적인지도 확인해야 한다.

 내집마련 첫걸음

가로정비 예정지는 골목길의 사이즈와 블록별로 개발 가능성을 따져봐야 한다. 주변 인프라와 조화롭게 개발될 수 있는지도 중요한 포인트다.

내집마련 첫걸음 028

아는 정보 확인
vs 모르는 정보 확인

부동산 투자를 할 때 임장은 필수다. 하지만 대부분의 사람들은 임장을 단순하게 생각한다. 그냥 현장에 가서 집만 확인하고 오는 것으로 생각한다. 사실 임장에는 두 가지 목적이 있다.

> **첫 번째는 내가 아는 정보를 확인하는 임장이다.**
> 인터넷으로 조사한 내용들이 실제로 맞는지 확인하러 가는 것이다.
>
> **두 번째는 모르는 정보를 찾는 임장이다.**
> 현장에 가서야 할 수 있는 새로운 정보를 얻으러 가는 것이다.

이 두 가지를 구분해서 접근해야 제대로 된 임장을 할 수 있다.

아는 정보를 확인하는 검증 임장은 미리 조사한 내용들을 직접 확인한다. 인터넷으로 조사한 개발 계획, 상권 정보 등이 실제로 맞는지 확인하는 과정이다. 인터넷 정보는 때로 잘못되었거나 바뀐 경우가 있기 때문이다.

예를 들어, 지하철 연장 계획이 있다는 정보를 봤다면 실제로 공사가 시작되었는지, 진행되고 있는지 현장에서 확인해야 한다. 때로는 예산 부족이나 각종 문제로 인해 계획이 변경되거나 중단된 경우도 있다.

그리고 예상했던 것과 실제가 다른 부분도 있다. 사진으로 본 것과 다른 경우가 많다. 특히 주변 환경, 소음, 접근성 등은 사진이나 인터넷 정보로 확인하는 것보다 직접 가서 보는 게 정확하다. 상권도 마찬가지다. 온라인에서는 상권이 발달했다고 나와 있는데 실제로 가보니 대부분 문을 닫은 경우도 있다.

낮에는 조용했던 곳이 밤에는 시끄러울 수 있고, 평일에는 한산했던 곳이 주말에는 복잡할 수 있기 때문에 여러 시간대에 가서 확인해보는 것이 좋다.

모르는 정보를 확인하는 임장이 가능할까 싶지만, 현장에 갔을 때 내가 몰랐던 사실을 알게 되는 경우가 많다.

예를 들어, 아무것도 안 할 것 같은 동네라고 생각해서 임장을 갔는데, 정말 동네 사람들만 아는 개발을 추진 중인 경우가 있다. 반대로 개발이 얼마나 진행되었을지 궁금해서 가보니 아예 취소된 경우도 있다. 현지인들은 온라인에 없는 정보를 많이 알고 있다. 카페나 마트에서 자연스럽게 대화를 나누다 보면 의외의 정보를 얻을 수 있다.

"아, 그거 작년에 무산됐어요. 조합원들끼리 싸워서….."

이런 말을 들은 적도 있다. 이런 정보는 인터넷에 나오지 않는다.

실제로 가보면 인터넷에서는 알 수 없었던 문제점들을 발견할 수 있다. 악취가 나는 시설이 근처에 있거나, 소음이 심하거나, 접근성이 생각보다 나쁘거나 하는 것들이다.

때로는 좋은 정보를 발견하기도 한다. 대기업 사업장이 근처에 있어서 고소득층이 많이 거주한다거나, 숨겨진 명소가 있어서 관광객들이 많이 온다거나 하는 것들이다.

개발 계획이 취소되었다면 왜 취소되었는지 동네에서 이유를 찾아야 한다. 단순히 '취소되었구나'로 끝내면 안 된다. 또한 아는 정보만 확인하고 끝내면 새로운 위험 요소를 놓칠 수 있다.

반대로 모르는 정보만 찾으러 가면 기본적인 검증을 소홀히 할 수 있다.

두 가지를 모두 고려해야 종합적인 판단이 가능하다. 기본 정보의 정확성도 확인하고 새로운 정보도 얻어야 한다.

내집마련 첫걸음 029

번지르르한 겉모습에
속지 마라

겉모습에 속아 넘어가기 딱 좋은 건축자재

저층 주거단지 동네를 걸으며 다세대주택(빌라)을 바라보면서 집의 가장 바깥쪽 외장재를 언뜻 '돌'이라고 생각했을 수 있다. 만약 생각해본 적이 없는 사람이라면 '돌로 마감했겠지'라고 당연히 여겼을 것이다.

밖에서 봤을 땐 돌을 쌓아서 집을 지었으니 튼튼해 보인다고 생각하겠지만, 알고 보면 스티로폼의 일종인 '드라이비트'인 경우가 많다. 그런데 드라이비트는 수년이 지나 보면 장점보다는 단점이 많은 외장재다. 드라이비트 사이로 균열이 생기면 그 사이로 물이 스며들고 물이 흐르는 동선을 파악할 수 없어 누수 문제를 잡기 어렵다.

또한 외부에서 집의 정면을 봤을 땐 대리석을 붙여서 고급스러워 보이지만, 잘 보이지 않는 건물 옆이나 뒤로 가보면 저렴한 자재를 붙여둔 경우도 흔하다. (앞면만 화려하게 포장한 느낌)

드라이비트

- 겉모습 : 석재나 대리석처럼 고급스러워 보이며, 다양한 질감과 색상으로 마감되어 빌라의 외관을 화려하게 만든다.
- 실상 : 스티로폼 단열재 위에 얇은 마감재를 발라 놓은 것으로, 충격에 약하고 수명이 짧다. 시간이 지나면서 균열이 생기기 시작하고, 균열을 통해 물이 스며들면 내부 결로와 누수 문제가 발생한다. 또한 화재에 취약하다.

벽돌무늬시트

- 겉모습 : 멀리서 보면 고급스러운 붉은 벽돌이나 회색 벽돌로 지어진 건물처럼 보인다.
- 실상 : 실제로는 콘크리트 벽면에 얇은 벽돌무늬시트를 붙인 것이다. 시간이 지나면 시트가 들뜨거나 변색이 되며 교체해줘야 한다.

인조석

- 겉모습 : 천역석재처럼 고급스러운 외관을 갖고 있다. 대리석이나 화강암처럼 보이기도 한다.
- 실상 : 시멘트와 안료를 섞어 만든 인조석으로, 천연 석재에 비해 1/3 가격이고 그만큼 내구성도 떨어진다. 산성비에 취약해 부식되기 쉽다.

타일외장

- 겉모습 : 깔끔하고 고급스러운 타일로 마감되어 있어 단단해 보인다.
- 실상 : 정면과 잘 보이는 부분만 고급 타일을 사용하고, 옆면이나 뒷면은 저가 타일 또는 페인트로 마감한 경우가 많다. 또한, 타일 시공 시 접착제를 충분히 사용하지 않아 떨어지는 경우도 발생한다. 특히 동파와 해빙을 반복하는 겨울

철에 타일이 떨어질 가능성이 높다.

징크

- 겉모습 : 모던하고 세련된 느낌의 외장재로, 고급 건물에 많이 사용된다.
- 실상 : 진짜 징크가 아닌 칼라강판이나 저가형 대체재를 사용하는 경우도 있다. 연결 부위가 제대로 시공되지 않으면 빗물이 들어와 내부 부식이 발생한다.

 내집마련 첫걸음

아파트보다 상대적으로 저렴한 빌라를 내집마련으로 고려하는 경우가 많아지고 있다. 이때 많은 사람들의 실수 중 하나가 외관, 특히 외장재에 현혹되는 것이다. 눈에 보이는 외관만으로 판단하지 말고, 외장재의 종류와 특징을 이해하는 것이 좋다. 초보자여도 기본적인 외장재를 구별할 줄 안다면 내집마련 결정에 도움이 된다.

내집마련 첫걸음 030

집의 가치를 좌우하는 본질은 '감정평가'에서 나온다

부동산 재능은 타고난다

**화려한 신축 빌라와 오래된 낡은 빌라 중
어느 것이 더 가치가 있을까?**

대부분의 사람들은 당연히 신축 빌라를 선택할 것이다. 하지만 부동산의 진짜 가치를 결정하는 것은 건물이 아니라 건물이 가지고 있는 '땅'이다.

보통은 빌라를 볼 때 건물의 외관, 내부 시설, 준공 연도에만 집중한다. 신축 빌라는 깔끔한 마감재, 최신 설비, 현대적인 디자인으로 시선을 사로잡는다. 하지만 이런 요소들은 시간이 지나면 낡고 감가상각된다. 반면에 시간이 지날수록 가치가 상승하는 건 바로 '대지 지분'이다.

대지 지분이란 해당 주택이 소유한 땅의 사이즈를 말한다.

같은 강남 지역의 두 빌라를 비교해보면 이해하기 쉽다. 하나는 30년된 낡은 빌라인데 대지 지분이 10평이고, 다른 하나는 신축 빌라지만 대지 지분이 3평뿐이다. 겉으로 보기에는 신축 빌라가 훨씬 좋아 보인다.

하지만 부동산의 본질적 가치는 어느 쪽이 더 클까?

정답은 낡은 빌라다. 왜냐하면 강남 땅 10평의 가치는 시간이 지나도 결코 떨어지지 않으며, 오히려 상승할 가능성이 높기 때문이다. 건물은 시간이 지나면 낡고 가치가 떨어지지만 땅은 그렇지 않다. 특히 강남과 같은 프리미엄 지역의 땅은 더 이상 만들어낼 수 없는 희소 자원이다.

실제로 재개발이나 재건축을 할 때, 땅 전체를 통으로 사들여 건축을 새로 할 때, 보상금을 결정하는 가장 중요한 요소는 대지 지분의 크기다.

땅 3평을 가진 신축 빌라 주인보다 땅 10평을 가진 낡은 빌라 주인이 훨씬 더 많은 보상금을 받게 된다. 건물은 철거되어 사라지지만 땅은 그 자리에 그대로 남아있기 때문이다.

이런 대지 지분은 특히 서울 강남, 용산, 마포 등 토지 가치가 높은 지역에서 더욱 힘을 낸다. 똑같은 지역에서 같은 크기의 집이라도 대지 지분이 클수록 자산 가치가 높다. 이는 부동산의 핵심 가치가 결국 땅에 있다는 것을 보여준다.

집을 구매할 때 대지 지분은 어떻게 확인할까?

가장 확실한 방법은 등기부등본을 확인하는 것이다. 등기부등본 표제부에서는 대지권 비율을 확인할 수 있는데 이것이 내 몫의 땅이다.

그럼, 신축 빌라의 대지 지분이 작은 이유는 무엇일까?

개발업자들이 더 많은 수익을 내기 위해 한정된 땅에 가능한 많은 세대를 만들기 때문이다. 작은 땅에 여러 세대를 만들면 세대당 대지 지분이 작아진다. 겉에서 볼 때는 좋아 보이지만, 실질적인 자산 측면에서는 상승 여력에 한계가 있다.

반면, 오래된 빌라는 과거에 지어졌을 때 층수도 낮고 세대 수도 적어 대지 지분이 상대적으로 크다. 건물은 낡았지만 그 아래 땅의 가치는 여전히 높게 평가받는다.

예를 들어, 서울 강남의 오래된 빌라는 땅 10평을 갖고 있고 집 가격이 6억 원이다. 같은 지역에 있는 신축 빌라는 땅이 3평밖에 없지만 번듯한 외관 덕분에 7억 원에 거래된다. 이렇게 보면 신축 빌라가 더 비싸 보인다.

하지만 10년 후에는 어떻게 될까?

신축 빌라는 더 이상 신축이 아니다. 결국 신축이라는 가치는 하락한다. 반면, 대지 지분 10평의 가치는 오히려 상승한다.

부동산의 본질적 가치를 아는 사람들은 대지 지분에 초점을 맞춘다. 화려한 외관과 시설에 현혹되지 않고 다른 가치를 먼저 찾는다.

 내집마련 첫걸음

건물은 사람이 만들어 낸 것이므로 얼마든지 새롭게 다시 만들 수 있다. 땅은 더 이상 만들 수 없는 희귀한 자원이다. 좋은 위치의 땅은 더욱 중요하다. 이것이 바로 부동산의 타고난 재능이다. 아무리 노력해도 얻을 수 없는, 태어날 때부터 갖고 있는 재능처럼 부동산도 타고난 '위치'와 '땅'의 가치가 본질을 결정한다.

내집마련 첫걸음 031

눈치 보지 않고
실내를 구경하는 노하우

'모델하우스'나 '분양' 광고 활용법

'다른 사람들은 어떻게 살고 있을까?'

'저 아파트 내부는 어떻게 생겼을까?'

부동산에 관심이 생기기 시작하면 다른 집들의 내부가 궁금해진다. 하지만 남의 집을 마음대로 구경할 수는 없다. 그런데 눈치 보지 않고 당당하게 집 내부를 구경할 수 있는 방법이 있다.

바로 우리가 쉽게 지나치는 '모델하우스'와 '분양합니다' 광고를 활용하는 것이다. 평소에는 '나랑 상관없지' 생각하며 지나쳤던 공간들이 사실은 부동산 초보자에게 최고의 학습장이 될 수 있다.

신축 아파트의 '보여주는 집'

신축 분양 아파트 단지에 가면 '보여주는 집'이라는 현수막이 붙은 곳을 볼 수 있다. 처음에는 왜 집을 보여주지? 의아했는데 실제로 가보니 이해가 되었다. 이곳은 업체가 미리 인테리어, 블라인드, 커튼 등을 완벽하게 설치해두고 예비 구매자들에게 실제 거주 환경을 보여주는 홍보 공간이다.

이런 보여주는 집의 장점은 여러 동의 다양한 구조를 한 번에 볼 수 있다는 점이다. 같은 평수라도 동별로 배치나 조망이 다르고, 층수에 따른 차이도 직접 느낄 수 있다. 무엇보다 실제 생활공간으로 꾸며져 있어 그 집에 살았을 때의 느낌을 경험할 수 있다.

모델하우스

모델하우스는 단순히 '이런 집을 지을 예정이니 사세요'라고 홍보하는 공간이 아니다. 부동산 초보자에게는 다양한 주거 공간을 체험해볼 수 있는 체험장소다. 32평, 42평, 59평 등 평수별로 실제 공간감을 몸으로 익힐 수 있다. 인터넷에서 본 32평과 실제로 걸어 다녀본 32평은 다른 느낌이다. 같은 32평도 (방3 + 거실 구조)와 (방2 + 큰 거실구조)의 차이점을 느낄 수 있다.

그리고 모델하우스에서는 요즘 새로 짓는 집들의 인테리어나 수납공간의 배치를 어떻게 하는지 볼 수 있다. 가전제품 배치 등도 미리 생각해볼 수 있다.

모델하우스나 분양 사무실 현장은 누구나 자유롭게 방문할 수 있다. 실제로 많은 사람들이 구경 목적으로 방문한다. 평일 오후, 주말 등 다른 시간대에 방문해보면 다른 분위기를 느낄 수 있다. 방문 시 해당 지역의 교통이나 상권, 학군도 같이 살펴보면 좋다.

지금 당장 집을 살 계획이 없어도 여러 현장을 미리 둘러보는 것은 의미가 있다. 나중에 그 지역에 집을 살 때 어떻게 완성되었는지 비교할 수 있고 차이점도 파악된다.

여러 모델하우스를 다녀보면 자연스럽게 부동산 안목이 생긴다. '이 정도 평수면 이런 느낌이구나', '이 가격이면 이 정도 품질이 나오는구나' 하는 감각이 생긴다.

 내집마련 첫걸음

모델하우스 구경할 때 주의할 점

모델하우스에 가면 연락처를 남기게 되어 영업 전화가 많이 올 수 있다. 개인정보 제공 시 신중해야 한다. 또한, 최상의 조건으로 꾸며져 있으며 실제 생활과 다를 수 있다는 걸 염두에 두어야 한다.

실제 건설 위치와 다른 곳에 있는 경우도 많으니 실제 위치를 반드시 확인한다. 그리고, 확장된 모델하우스를 실제 분양 면적이라고 착각하면 안 된다.

내집마련 첫걸음 032

온라인에 올라오지 않은 보물 같은 숨은 매물 찾기

직접 현장을 가는 사람만의 특권

부동산 공인중개소를 몇 군데 돌아다니다 보면 가끔 '이런 집이 있었나?' 하는 순간을 만나게 된다. 인터넷에서는 아무리 찾아도 없던 좋은 조건의 집이 갑자기 나타난 것이다. 몇 달째 마포구 일대를 돌아다니며 집을 보고 있었는데, 한 부동산 공인중개소에 방문하니 "어머, 어떻게 딱 맞춰서 오셨어요? 오늘 아침에 막 나온건데…" 하면서 뭔가 특별한 듯 말한다.

"이거 사실 아직 사이트에 안 올렸어요. 나한테 단독 매물로 준 건데 올리기 좀 아까워서요."

중개사가 속삭이듯 말하면서 매물을 보여준다. 근데 내가 찾던 조건이

랑 딱 맞는다. 게다가 생각한 시세보다 조금 더 저렴했다.

왜 안 올리시는지 물어보니 "단독인데 올리기 아까워서 그렇다", "좋은 집은 바로 나가니까 굳이 사이트에 안 올려도 된다"라고 답했다.

부동산을 많이 다니는 사람한테만 종종 생기는 일이다. 한두 번 가서는 이런 상황을 만나기 어렵다. 공인중개사 입장에서도 진짜 사려고 하는 사람한테만 좋은 매물을 소개해준다.

여기서 중요한 포인트가 있다. 이런 숨은 매물이 정말 좋은 집인지 아니면 팔리기 어려운 매물인지 구분해야 하는데, 평상시 임장을 많이 다닌 사람만 구분할 수 있다. 정말 좋은 매물은 온라인에 매물로 공개되기 전에 사라진다. 중개사들도 좋은 집은 굳이 광고비 내면서 온라인에 올릴 필요 없이 평소 알고 지낸 단골에게 먼저 알려준다.

결국, 이 게임에서 이기려면 삼박자가 맞아야 한다. 부동산을 많이 보러 다니고, 동네의 시세를 잘 알고, 부동산 중개사와 각별한 친분이 있어야 한다. 이 세 가지가 모두 있는 사람이 이기는 게임이다.

그래서 평상시에 동네를 많이 다녀보고 시세를 파악해야 하며, 이 동네에 이런 집은 어떤 가격에 거래될지 기준이 확실히 있어야 한다. 그러면 진짜 좋은 매물은 내 것이 될 수 있다.

 내집마련 첫걸음

온라인에 올라오지 않은 숨은 매물, 정말 있을 수 있다. 하지만 그걸 찾으려면 발품을 팔아야 하고, 진짜 좋은 물건인지 구분할 수 있는 실력도 있어야 한다. 저자도 성수동에 원주민 부동산 어르신께서 소개해주시는 귀한 매물을 당시 실력이 없었기에 놓쳤던 경험이 있다. 그래서 후배님들에게 여러 번 강조한다. '그 물건들만 샀어도…'라는 후회는 지금의 내 몫이다.

내집마련 첫걸음 033

첫 집으로 반지하는
실패라는 편견을 버려라

좋은 반지하와 나쁜 반지하

반지하에 산다고 하면 사람들의 표정이 다양해진다. 보통은 세상에 없는 안타까운 표정으로 바라본다. 하지만 이런 편견 때문에 좋은 기회를 놓치고 있는 건 아닐까?

실제로 나는 500만원으로 반지하를 사서 가족과 함께 살았다. 그 시절이 마냥 행복했냐고 물으면 사는 게 힘들긴 했다. 하지만 오히려 그 경험이 지금의 부동산 감각을 키우는 데 큰 도움이 되었다. 반지하에서 시작해도 성공할 사람은 성공한다.

'반지하', '몸테크'라는 단어에 거부감이 없다면 이미 투자자 마인드를 갖춘 것이다. 중요한 것은 편견이 아니라 실제 주거환경과 투자 가치를 판단하는 것이다.

반지하라고 해서 무조건 땅속으로 들어가고 문제가 있다고 생각하면 안 된다. 깜깜한 반지하와 지상 같은 반지하는 완전히 다르다. 경사에 지어진 건물의 반지하는 한쪽 면이 완전히 지상에 노출되어 있어 일반 지상층과 거의 차이가 없다.

반지하는 위험하다는 것도 잘못된 생각이다. 반지하가 위험한 게 아니라 가장 아래층이 위험한 것이다. 필로티 구조의 빌라에서 2층에 해당하는 집도 건물에서 가장 아랫집이니 역류 위험이 있다. 오히려 설계가 잘 되고 배수 시설이 좋은 반지하가 부실한 필로티 건물의 2층보다 안전할 수 있다.

좋은 반지하와 나쁜 반지하를 구별하면 된다.

우선 창문이 지상에 어떤 높이로 노출되어 있는지 살펴본다. 창문 위쪽이 지상과 같은 높이에 있다면 채광에 큰 문제가 없다. 방향도 중요하다. 남향이나 남동향 반지하는 햇빛이 들어온다. 북향 반지하는 아무리 창이 커도 어둡다. 반지하일수록 방향의 중요성이 더 커진다.

투자 관점에서 본 반지하는 상대적으로 저렴하게 진입이 가능하다. 같은 지역에서 지상층 대비 저렴하다. 좋은 위치에 적은 돈으로 들어갈 수 있는 기회다. 반지하는 실패가 아니라 전략적 선택이 될 수 있다. 중요한 것은 이 집의 단점을 극복하는 방법을 연구하는 것이다.

 내집마련 첫걸음

반지하라고 해서 무조건 문제가 있는 것은 아니다. 오히려 편견 때문에 많은 사람들이 피하는 곳에서 좋은 기회를 찾을 수 있다. 핵심은 집을 보는 능력이다. 좋은 반지하를 구별할 줄 알고 극복할 방법을 아는 사람에게는 반지하도 충분히 좋은 선택이 될 수 있다.

"무조건 성공하는
내집마련을 위해
알아야 할 것"

#매수법

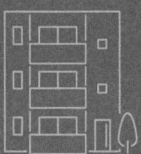

3장

첫 번째 내 집 후회 없이 매수하려면 반드시 이렇게 하라

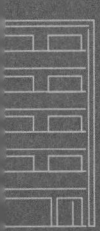

내집마련 첫걸음 034

첫 집에
얼마를 투자해야 할까?

이자를 무리하게 잡지 말 것

"돈은 모으고 있니?"

"전세 만기는 언제니? (전세 대출이 80%인 내 집)"

명절 때마다 부모님의 질문은 똑같았다. 그때마다 나 역시 똑같은 대답을 한다.

"돈 모으고 있어요."

부모님은 고개를 끄덕이며 씁쓸하게 알겠다고 하신다. 도움을 줄 수 없음에 작아지시는 듯하다.

드디어 통장에 5천만원이 모였다. 부모님께 당당히 말할 수 있는 순간이 왔다고 생각했다. 5천만원짜리 집을 찾기 시작했다. 하지만 이건 완전히 잘못된 접근이었다.

집을 살 때 중요한 것은 내가 가진 돈이 아니라 매달 감당할 수 있는 이자가 얼마인지를 먼저 정하는 것이다.

월급에서 생활비를 빼고 남은 돈으로 매달 얼마까지 대출 이자를 낼 수 있는지 계산해야 한다. 그리고 그 금액을 역으로 환산해서 얼마짜리 집까지 살 수 있는지 따져봐야 한다.

매달 감당할 수 있는 범위에서 집을 알아보자.

월 200만원 버는 1인 가구

월 소득 200만원이라면 월 생활비가 대략 120~140만원이라 가정한다. 그러면 월 이자로 감당할 수 있는 금액은 60~80만원이다. 월 이자 70만원을 30년간 원리금 균등으로 상환할 경우, 연 이자율 4% 기준으로 약 1억 4,662만원까지 대출이 가능하다. (LTV, DSR을 기준에 적용하지 않음.)

- 연 이자율 4% 기준으로 약 1억 4,662만원까지 대출이 가능하다. (생애최초 주택자금대출 시)
- 대출 가능 금액 : 약 1억 4,662만원
- 보유 현금 : 5,000만원
- 대출 가능 금액은 집값의 70%이므로 매수가 가능한 집값은 2억 945만원이다. 즉, 집의 가격은 약 2억 1천만원 이하로 구매할 수 있다고 생각하면 된다.

참고할 것

취득세, 중개수수료, 등기 비용 등 부대비용도 고려해야 하므로 실질적인 매입 가능 금액은 2억원 내외로 생각하는 것이 안전하다.

이 계산은 금리 4% 기준으로 실제 금리가 달라지면 결과도 달라진다. 또한 은행에서는 DSR도 고려하므로 다른 대출이 있거나 신용카드 사용량이 많으면 한도가 변경될 수 있다.

가장 중요한 건 월 이자를 너무 무리하게 잡지 않는 것이다. 갑작스러운 지출이나 소득 감소에도 대응할 수 있어야 한다 '영끌'이라는 단어로 우리가 집 산 것을 조롱하지 않게 감당할 수 있는 금액을 잘 계산해야 한다. 내 예산에 맞는 가장 좋은 집을 구매하면 그 집이 자산 상승의 초석이 되어 준다.

 내집마련 첫걸음

2025년 6월 27일 부동산 대책 발표

[수도권 및 규제지역 대상]
1. 주담대 최대 6억원 이하로 제한
2. 주담대 6개월 내 전입 의무
3. 주담대 2주택 이상 금지, 1주택 6개월 내 처분 조건
4. 2주택 이상 생활안정자금 대출 금지, 1주택은 최대 1억원
5. 주담대 만기 최장 30년으로 제한
6. 조건부 전세자금 대출 금지
7. 신용대출 한도 연소득내로 제한
8. 전세대출 보증비율 90% → 80%
9. 디딤돌, 버팀목 대출 한도 축소(모든 지역)
10. 은행, 정책 대출 총량 감축
11. 디딤돌 대출은 현행과 같이 1개월 내 전입 의무 유지

※ 부동산 대책은 시기별로 많이 달라지므로, 당시 상황을 잘 살펴야 한다.

내집마련 첫걸음 035

어떻게 해야 허위 매물에 속지 않을까?

허위 매물 구분하는 법

　부동산 시장을 처음 경험하는 초보자들이 빠지기 쉬운 함정이 있다. 바로 '허위 매물'이다.

　보통 인터넷에서 매물을 검색해보고 부동산 중개사와 약속을 잡고 방문하는 것이 일반적인 과정이다. 이 과정에는 주의를 요하는 몇 가지 포인트가 있다.
　가격과 집의 컨디션이 마음에 드는 매물을 찾았다면 해당 매물을 등록한 부동산 공인중개소에 방문하게 된다. 중개사에게 마음에 드는 매물을 보여달라고 요청하면, 기대와는 다르게 무심한 표정으로 마침 방금 계약되었다고 한다. 그리고 다른 집을 추천해준다. 이런 상황은 너무나 익숙한 시나리오다. 이것이 바로 흔한 미끼 매물 전략이다.

요즘은 이런 뻔한 시나리오 대신 더 교묘한 방식으로 초보자들을 현혹시킨다.

"그 매물은 현재 집주인이 출장 중이라 다음주에 볼 수 있다."
"지금 리모델링 중이라 사진으로 보여주겠다."

이처럼 다양한 이유로 현장 방문을 미루게 한다.
허위 매물을 걸러내기 위한 첫 번째는 터무니없이 좋은 조건인데 장기간 거래가 안 되고 계속 매물로 현혹한다면 의심해봐야 한다. 시세보다 많이 저렴한 매물은 대부분 미끼 상품이다.
두 번째, 전화로 물어볼 때 미리 질문할 내용을 메모하고 먼저 확인 후 약속을 잡는다.
세 번째, 매물 사진을 자세히 분석해본다. 광각으로 넓어 보이게 찍은 경우도 많다. 슬리퍼가 너무 길거나 변기가 길어 보이는 사진은 확인한다. 또는 오래된 사진을 사용해 현재 모습과 다르거나 차이가 큰 경우도 확인한다.
네 번째, 초기 계약금을 최소화하는 게 좋다. 가능한 부분에서 계약금을 적게 내고 집을 충분히 확인 후 중도금을 지불하는 방식으로 리스크를 줄인다. 계약금을 지불한 후에는 법적으로 파기하기 어렵고 파기 시 돈을 돌려받기 어려워지니 신중해야 한다.

내 생애 첫 집 구매는 설렘과 두려움이 크다. 허위 매물에 속지 않고 현명하게 매물을 선택해야 한다. 그러기 위해서는 안목을 키워야 한다. 조급해하지 말고 조금 더 시간을 들여 확인하며 의심스러운 부분은 꼼꼼하게 짚고 넘어가야 한다.

'돌다리도 두드려 보고 건너라'는 속담은 부동산 첫 계약 시에 써먹으라고 조상들께서 남긴 명언이다.

 내집마련 첫걸음

부동산 중개인에게 질문할 내용
① 이 매물은 왜 나왔나요? (팔려고 하는 이유를 파악해본다.)
② 같은 가격대로 여러 비교 물건을 볼 수 있나요?

매물 보러 갈 때 무엇을 준비해야 할까?

매물 볼 때 주의할 점

'내집마련을 하고 싶은데 무슨 집을 봐야 할지 모르겠어.'
'어떤 집을 골라서 봐야 할지도 모르겠다.'

이런 마음 충분히 이해한다. 누구나 처음에는 그렇다. 이럴 때 가장 접근하기 좋은 방법은 온라인 부동산 사이트를 활용하는 것이다.

매물이 많고 이용하기 쉬운 네이버 부동산을 먼저 추천한다. 네이버 부동산에 들어가면 빌라와 아파트로 나뉘어 있다. 관심 있는 동네를 선택하고 원하는 매물의 조건을 선택한다. 그러면 해당 지역의 매물들이 쭉 나온다. 가격, 사이즈(방 개수), 사진 등을 보면서 천천히 둘러보면 된다.

마음에 드는 매물을 찾았으면 이제 매물을 올린 부동산과 연락해야 한다. 처음에는 어떻게 말해야 할지 막막하지만 어렵지 않다.

보통 "네이버에서 본 ○○ 매물 관심 있어서 연락드린다"고 말하면 된다. 그리고 중개사와 이야기 후 약속을 정하면 된다.

매물을 보러 갈 때 단순히 집만 본다고 생각하면 안 된다. 어떤 정보를 미리 파악하고 가느냐에 따라 완전히 다른 결과를 얻을 수 있다. 부동산 거래에서 정보는 곧 돈이다. 같은 집을 봐도 어떤 사람은 저렴하거나 적정가에 사고, 어떤 사람은 바가지를 쓰는 경우가 있다. 어떻게 준비하느냐에 따라 차이가 난다.

인터넷으로 매물을 볼 때 대부분은 사진과 가격만 본다. 하지만 진짜 확인해야 할 중요한 정보는 따로 있다.

- 며칠 전에 올라온 매물인지 확인한다.
- 몇 달째 거래가 안 된 매물이면 이유가 있다.
- 새로운 매물일수록 가격 협상 가능성이 적다.
- 유독 저렴하거나 비싼 집이 있다면 이유를 파악해야 한다.
- 같은 평수, 같은 층 다른 집들의 가격을 비교한다.

그리고, 다른 집과 관심 있는 집의 가격을 비교할 수 있는 감각이 생긴 후 집을 보러 간다.

이때 정보수집도 중요하지만 너무 많은 정보에 매몰되어서는 안 된다. 분석만 하고 실행하지 못하는 함정에 빠지는 사람이 의외로 많다.

매물 보러 갈 때
단계별로 준비할 것

1단계 : 네이버 부동산에서 매물 찾고 연락하기

네이버 부동산을 보다가 마음에 드는 물건을 발견했다. 매물 설명글 하단을 보니 부동산 중개업소의 전화번호가 있다. 처음이라 떨리고 무엇부터 질문할지 막막하다. 미리 질문할 내용을 정해 놓고 해당 매물을 보러 방문할지 결정하자. 간혹 당근마켓에서도 부동산 거래가 빈번한데 공인중개사 없이 하는 거래는 더욱 신중해야 한다.

2단계 : 매물 제대로 짚고 지역 조사하기

부동산 중개업소와 통화한 후 직접 보기로 결정했다면 이제는 좀 더 똑똑해져야 한다. 부동산 공인중개사가 설명해준 말과 정보가 맞는지 한 번 더 체크한다. 매물이 언제 올라왔는지, 주변 시세는 어떤지, 해당 지역에 개발 계획은 없는지 미리 알아보자.

3단계 : 현장에서 궁금한 내용 정리하기

집을 보러 가기 전에 다시 한 번 더 질문할 것들을 미리 생각해보자. 관리비는 얼마인지, 수리해야 할 곳이 있는지, 주변 소음은 어떤지 등 하루에 여러 집을 보면서 비교하는 것도 좋다. 또는 같은 장소를 여러 번 방문한다.

매물을 보러 가는 건 단순한 집구경이 아니다. 앞으로 몇 년간 살 공간을 선택하는 중요한 과정이다. 그리고 첫 번째 집이 마지막 집이 아니다.

점점 더 나은 선택을 할 수 있게 될 것이다. 지금 당장 완벽하지 않아도 된다. 시작하는 것이 가장 중요하다.

매물 상세 설명의 숨겨진 의미

- 급매 = 왜 급매인지 이유 확인 필요
- 깔끔한 집 = 리모델링 했다는 뜻. 어떤 것을 했는지 체크
- 조용한 곳 = 상권과 떨어져 있거나 교통을 이용하기 먼 곳인지 체크
- 집 주변에 갈 수 있는 전철역이 많아요. = 어중간한 위치에 있고 역세권이 아닙니다.

 내집마련 첫걸음

매물 보기 전 나에게 맞는 체크리스트를 만들어 가보자.

☐ 인테리어 계획이 있다면 :
☐ 자차를 사용한다면 :
☐ 유모차가 있다면 :
☐ 반려동물이 있다면 :
☐ 뷰가 중요하다면 :

내집마련 첫걸음 037

여긴 투기과열지역이라
대출이 까다로워요

집 살 때 알아야 할 지역 구분

"여긴 투기과열지역이에요."

"조정대상지역이라서 대출이 좀 까다로워요."

집을 보러 다니다가 부동산에서 이런 말을 들을 때가 있다. 단순히 지역을 구분하는 말이라고 쉽게 생각하면 나중에 큰 낭패를 본다. 특히 대출이나 세금 면에서 엄청난 차이가 난다.

가격이 비싼 동네일수록 이런 각종 규제에 포함되는데, 강남 3구는 물론이다. 임장을 가기 전에 내가 보려는 지역이 어떤 규제지역에 속하는지 미리 알아두는 건 필수다.

투기과열지역, 이름만 들어도 무섭다.

정부에서 집값이 많이 올라서 강력하게 규제하겠다고 정한 지역이다.

한번 투기과열지역으로 지정되면 정말 까다로워진다. 우선 대출부터가 문제다. 주택담보대출비율은 무주택자의 경우 40%(유주택자는 0%)로 제한되었고, 대출 한도의 경우 15억원 이하 주택은 6억원, 15억 초과 25억원 이하는 4억원, 25억원 초과는 2억원으로 적용된다. (생애최초대출은 예외적으로 70%) 사실상 대출이 불가능하다는 의미다. 조정대상지역보다 훨씬 강력한 규제가 적용된다.

LTV(주택담보대출비율), DTI(총부채상환비율)는 변경될 수 있으니 시기에 맞게 확인해야 한다.

조정대상지역은 투기과열지역의 예비 단계로, 한 단계 낮은 규제지역이다. 아직 투기과열지구까지는 아니지만 집값 상승이 심해서 주의깊게 지켜봐야 할 곳이다. 조정대상지역 내에서는 주택담보대출비율이 대폭 낮아진다. 1주택자라도 추가 대출이 제한될 수 있고, 다주택자는 더욱 강한 규제를 받는다. 또한, 분양권 전매 제한, 청약 자격 제한 등이 강화된다.

규제지역 밖은 일반지역이다. 이런 곳들은 대출도 70~80%까지 가능하고 세금 혜택도 받을 수 있다. 특히 1세대 1주택 비과세를 받기 위한 거주 의무도 없다. 이런 비규제지역에서도 좋은 집을 찾으면 된다. 실거주 목적이라면 규제 부담없이 집을 살 수 있어 좋다.

현장을 가기 전에 반드시 해당 지역의 규제 현황을 확인한다. 국토교통부 홈페이지나 부동산 규제 관련 사이트에서 찾으면 된다. 부동산 중개업소에도 다시 확인하고, 대출 상담을 받을 때도 규제지역 여부를 명확히 해야 안전하게 받을 수 있다.

 내집마련 첫걸음

규제지역 지정은 고정된 게 아니다. 정부 정책에 따라 언제든 바뀔 수 있다. 조정대상지역이 투기과열지역으로 바뀔 수 있고 반대로 규제가 해제될 수도 있다. 규제지역 지정은 해당 지역의 집값과 거래량에 직접적인 영향을 미친다. 투기과열지역으로 지정되면 단기적으로 거래가 줄어들지만, 장기적으로는 공급 부족으로 집값이 더 오를 수도 있다. 이런 복잡한 상황을 이해하고 현명하게 판단하는 것이 중요하다.

내집마련 첫걸음 038

집 사기 전에 이것도
안 보는 사람이 있다고?

매년 수백 명에서 수천 명이 부동산 사기를 당한다.

그런데 그 중 90%는 등기부등본만 제대로 봤어도 피할 수 있었던 사기들이다. 놀랍게도 집을 사면서 등기부등본을 제대로 못 보는 사람들이 많다.

등기부등본은 그 집의 DNA 검사 결과지와 같다. 누가 진짜 주인인지, 빚이 얼마나 있는지, 법적 분쟁에 휘말려 있는지까지 모든 게 다 나와 있다.

집주인의 채무가 깨끗한 집이라고 아무리 말해도 등기부등본에 근저당권 5억원이 적혀 있다면 등기부등본이 진짜다. "그거 다 갚았는데 말소가 안 된 거예요"라고 말할 수 있다. 그렇다면 말소 확인 후 계약을 진행해야 한다.

막상 등기부등본을 받아보면 온갖 단어와 법률 용어 때문에 포기하고 싶어진다. 하지만 이걸 볼 줄 몰라서 당하는 사람이 되지 않으려면 지금부터 제대로 배우는 게 좋다.

등기부등본 발급받기

① 인터넷 등기소 접속 (www.iros.go.kr)

② 회원 가입

③ 주소 검색

④ 열람(700원)과 발급(1,000원) 선택

'열람'은 법적 효력이 없으므로 관공서, 은행에 제출하는 건 '발급'으로 받아서 제출해야 한다.

주소를 검색하면 토지, 집합건물(집, 호수)대로 나온다. 확인하고 싶은 내용을 체크 후 열람하거나 발급받으면 된다.

등기부등본 구성 이해하기

등기부등본을 열어보면 크게 4개 부분으로 나뉜다.

- 표제부 : 부동산의 기본 정보
- 갑구 : 소유권 관련 사항
- 을구 : 소유권 이외의 권리(저당권, 전세권 등)
- 주요 등기사항 요약 : 말 그대로 요약본

주요 등기사항 요약은 정말 간단한 요약이므로, 제대로 확인하려면 표제부, 갑구, 을구를 모두 봐야 한다.

표제부는 부동산의 신분증이라 생각하면 편하다. 기본 정보를 알려준다. 주소, 건물구조, 용도, 면적을 확인할 수 있다.

등기사항전부증명서(말소사항 포함)
- 건물 -

고유번호

[건물] 서울특별시

【 표 제 부 】 (건물의 표시)

표시번호	접 수	소재지번,건물명칭 및 번호	건 물 내 역	등기원인 및 기타사항
1	2021년1월15일	서울특별시	철근콘크리트구조 (철근)콘크리트지붕 5층 다가구주택 1층 35.28㎡ 2층 122.68㎡ 3층 122.68㎡ 4층 109.12㎡ 5층 92.87㎡	

갑구는 누가 소유를 하고 있는지, 소유권에 어떤 변화가 있었는지 알려준다. 소유자 정보, 매매, 상속, 증여 등 소유권이 바뀐 내역, 공동 소유인 경우 지분 비율 등을 알려준다.

【 갑 구 】 (소유권에 관한 사항)

순위번호	등 기 목 적	접 수	등 기 원 인	권리자 및 기타사항
1	소유권보존	2021년1월15일		공유자
1-1	1번등기명의인표시변경	2025년1월6일	2021년1월21일 주소변경	
1-2	1번등기명의인표시변경	2025년1월6일	2021년1월21일 주소변경	
2		2023년1월10일		권리자 국 처분청 경기광주세무서장

을구는 소유권 외의 다른 관계가 적혀 있다. 근저당권, 전세권, 지상권 등 중요한 부분이다.

【 을 구 】		(소유권 이외의 권리에 관한 사항)			
순위번호	등 기 목 적	접 수	등 기 원 인	권리자 및 기타사항	
1	근저당권설정	2021년1월15일	2021년1월15일 설정계약	채권최고액	
2	근저당권설정	2025년1월6일	2024년12월30일 설정계약	채권최고액	

보다 보면 빨간 줄로 밑줄 그어진 게 보인다. 말소(해지)를 했다는 뜻이다. 말소가 되는 상황은 대출을 완전히 상환했을 때(근저당권 말소), 전세계약이 끝나고 보증금을 돌려받았을 때(전세권 말소), 매매로 소유자가 바뀌게 되면 빨간 줄로 그어지면서 다음 내용이 적힌다.

등기부등본를 제대로 보면 그 집의 과거와 현재 또는 문제점까지 알 수 있다. 하지만, 등기부등본을 확인한 후 계약했어도 사기를 당한 사례가 있으니 약간이라도 의심스러운 건 확인하고 주의한다.

등기부등본을 실제로 위조한 사기 사례가 있었다. 등기부등본에 근저당권이 말소되어 있는 것을 확인하고 매매한 경우였다. 그런데 1년 5개월 후 은행에서 대출금을 갚은 적이 없다는 연락을 받았다. 알고 보니 전 집주인이 대출을 그대로 두고 가짜 은행 위임장을 만들어 근저당권을 허위

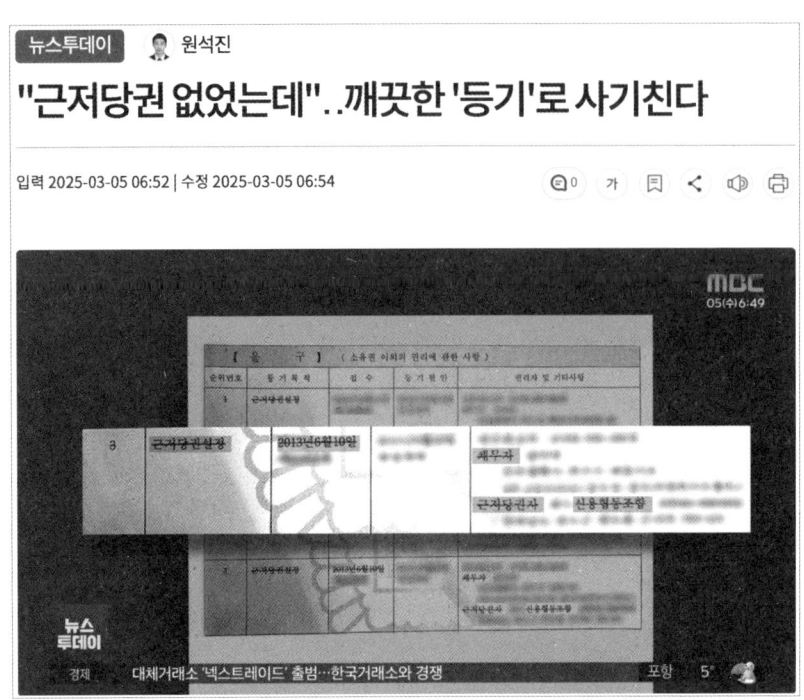

출처 : MBC뉴스

로 말소한 것이었다. 같은 수법으로 4가구가 피해를 봤다.

  2심 법원은 '등기소에서 실제 권리관계를 일일이 확인하지 않으므로 등기부등본은 공신력 있는 문서가 아니라 참고자료에 불과하다'며 근저당권이 여전히 유효하다고 판결했다.

  그러니 등기부등본만 믿고 거래해서는 안 된다. 등기부등본은 반드시 직접 발급받아 확인하고, 의심스러운 부분이 있으면 해당 금융기관에 직접 확인하는 것이 필요하다.

부동산 단어 이해하기

• 근저당권

채권최고액을 정하여 일정한 한도에서 계속적으로 발생하는 채권을 담보하는 저당권을 말함. (민법 제357조)

[풀이]

등기부등본을 보면서 얼마 빌렸는지를 보여주는 은행명과 금액을 확인하면 된다. 빌려준 돈이 1억원이면 1억원만 기록하지 않고 차후 연체 시 발생할 각종 리스크 금액까지 더해서 적어 놓는다. (대략 120~130%)

• 전세권

전세권자는 전세금을 지급하고 타인의 부동산을 점유하여 그 부동산의 용도에 좇아 사용 및 수익하며 그 부동산 전부에 대하여 후순위권리자 기타 채권자보다 전세금의 우선변제를 받을 권리가 있다. (민법 제303조 제1항)

[풀이]

임차권보다 강력한 권리가 있어서 근저당권처럼 바로 법적으로 사용할 수 있다. 전세 임대를 놓았다는 뜻도 있고, 또는 돈을 빌리고 전세권만 500만원 정도 기록으로 남기는 경우도 있다.

• 채권최고액

근저당권으로 담보되는 채권은 현재 또는 장래에 발생할 채권으로 일정한 금액을 한도로 설정하는 것을 말함. [출처 : 열린재정(재정정보 공개시스템)]

[풀이]

근저당권에서 설명했듯이 빌린 금액보다 더 높은 금액의 최고치를 기록한다는 뜻이다.

• **채권자**

특정인에게 일정한 빚을 받아낼 권리를 가신 사람.

[풀이]

누구 또는 어떤 은행, 회사에 빚이 있을 때 돈을 돌려받기 위해 기다리는 사람이 채권자다.

가계약금 넣기 전에
알고 있어야 할 것

가계약 전 확인해야 하는 서류

집을 정식 계약하기 전에 가계약이라는 단계를 거친다. 잠시 물건을 맡아둔다는 정도의 의미로 받아들이면 되는데, 이때 가계약금도 함께 입금해야 한다.

가계약금에 정해진 금액은 없지만 계약하려는 금액대에 따라 매도인, 매수인, 공인중개사끼리 협의하여 정해진 금액을 따른다. 본 계약에 비해 적은 액수이지만 돈이 오고 가는 행위이기 때문에 가계약을 할 때 대화만 하지 말고 증거를 남겨두는 것이 좋다. 문서까지는 아니더라도 주고받은 문자 내역이라도 남겨둔다.

가계약금을 보내기 전에 꼭 확인해야 하는 사항들이 있다. 매수인(본인)의 실수로 인한 변심, 개인의 신용 문제로 인한 대출 불가도 가계약금 반환이 어렵다. 다음은 확실하게 짚고 넘어가는 것이 좋다.

가계약 전 확인해야 할 서류

- 등기부등본 열람
- 근저당 설정 확인
- 건축물대장 확인
- 매도인 소유 여부 확인
- 계약서에 작성할 특약사항 협의
- 전입 세대 열람
- 매도인 신분증 확인

다만, 가계약금 반환이 가능한 한 가지 경우가 있다.

바로 해당 부동산(집)에 문제가 있거나 해당 부동산(집)으로 인해 대출이 나오지 않을 경우에는 가계약금 반환이 가능하다. 이 역시 확실하게 증거자료를 남겨두는 것이 좋기 때문에 가계약 문자를 주고받을 때 하단에 작성할 것을 요청해야 한다.

 내집마련 첫걸음

가계약금 반환 문구 예

'매도인의 개인 사정으로 인한 본계약 해제 시에는 입금액의 배액 배상을, 매수인이 해제 시에는 입금액을 포기한다.'

내집마련 첫걸음 040

계약서 작성 후 발생하는 하자는 누가 처리해야 할까?

집을 매수한 지 일주일 만에 벽에서 물이 새기 시작했다. 누수 자국이 점점 커지면서 벽지가 떨어지고 곰팡이까지 생겼다. 급하게 매도인에게 연락했지만 이미 집을 넘겼으니 그건 새 주인의 책임이라고 한다. 정말 그럴까?

이런 상황을 겪어본 사람들은 안다. 계약할 때 제대로 정리하지 않으면 나중에 억울한 일이 생긴다. 하자 처리 책임에 대해 제대로 정리하고 계약해야 한다.

문제를 언제 발견했는지가 핵심이다.

계약 전 발견이라면 매도인이 미리 알려주거나 수리해야 한다. 이미 알고 있는 문제를 숨기고 팔면 안 되기 때문이다. 하지만 계약 후 발견했다면 원칙적으로는 매수인의 책임이지만 예외도 있다.

또 다른 기준은 '잔금을 납부했는지'의 여부다. 잔금을 치르기 전에 발견한 문제라면 매도인과 협의할 수 있고, 심한 경우 계약을 해지할 수도 있다. 하지만 잔금을 치르고 집을 넘겨받은 후에 발견한 문제는 기본적으로 매수인이 처리해야 한다. 단, 숨겨진 하자는 예외다.

계약서 특약 조항에 자주 등장하는 '집 상태 확인 후 인수함'이라는 문구가 있다. 이 문구의 정확한 의미를 알아야 나중에 분쟁을 피할 수 있다.

매도인 입장에서는 현재 상태 그대로 넘겨준다는 뜻으로, 보이는 문제들은 매수인이 확인하고 계약했다는 말이다.

매수인 입장에서는 눈에 보이는 부분은 확인했지만, 숨겨진 문제까지 책임진다는 건 아니다. 합리적인 수준에서 확인했다는 뜻이다.

하자라고 해서 다 같은 하자가 아니다.

누가 봐도 알 수 있는 문제가 있고 전문가가 아니면 발견하기 어려운 문제도 있다. 눈에 보이는 하자는 매수인 책임이다. 벽지가 찢어진 곳이나 문짝이 삐걱거리는 것, 타일이 깨진 곳이나 도배 상태가 좋지 않은 것들이 여기에 해당한다. 이런 것들은 집을 볼 때 충분히 확인할 수 있었다고 보기 때문에 나중에 문제를 제기하기 어렵다.

반면, 숨겨진 하자는 매도인 책임이 될 수 있다. 벽 속 배관에서 누수가 생기는 구조적 결함은 일반인이 집을 볼 때 발견하기 어렵다. 그리고 애매한 경우도 있다. 약간의 곰팡이가 누수 때문인지 환기, 습기로 인한 결로 현상 때문인지 판단이 어려운 경우 양쪽이 협의해서 해결하는 게 좋다.

하자 처리 문제는 계약할 때 미리 정해두는 것이 가장 좋다.

'집 상태 확인 후 인수함'이라는 문구에만 의존하지 않고, 구체적인 특약 조항을 넣어서 서로의 책임 범위를 정하는 게 좋다.

완벽한 집은 없다. 하지만 서로 이해하고 합리적으로 접근한다면 대부분의 문제는 원만하게 해결할 수 있다.

 내집마련 첫걸음

민법 제582조에 따르면 하자담보책임에 대한 기한 권리는 '매수인이 그 사실을 안 날로부터 6개월 내에 행사하여야 한다'라고 나와 있다. 그래서 많은 사람들이 잔금을 치른 후 6개월까지는 매도인에게 누수와 같은 하자의 책임을 물을 수 있다고 생각한다.

하지만 각자의 경우에 따라 실제 재판에서는 다른 결과가 나온다. 법원은 "매수인이 계약 전 집을 여러 번 봤으니 충분히 확인할 수 있었을 것"이라며 매도인이 의도적으로 숨긴 것이 아니라는 판결을 내리는 경우가 많다. 입주 후 2개월 만에 누수가 발견되어도 매수인이 패소하는 경우가 빈번하다.

법 조문과 실제 판례는 다를 수 있으니 과도한 기대는 금물이다.

내집마련 첫걸음 041

갑자기 '급매'라고 전화 오면 계약하는 게 맞을까?

진짜 급매와 가짜 급매 구분법

　일반적으로 내집마련을 하기 위해 부동산 공인중개소에 방문해서 조건에 맞는 집을 이야기한다. 그리고, 추후에 좋은 매물이 나올 경우를 대비해 자신의 전화번호를 남기고 오는 경우가 많다.

　며칠 뒤 부동산 공인중개사에게 갑자기 전화가 걸려 온다. "지금 조건에 맞는 좋은 매물이 나왔다"고 하면서 빨리 결정해야 한다는 내용이다.

　이런 전화를 받으면 좋은 조건의 집을 나에게 알려줘서 감사하기도 하지만, 먼저 의심해봐야 한다.

　'왜 나에게 급매가 나왔다고 전화가 왔을까?'

　정말 좋은 물건이 급매로 나왔다면 중개사는 누구에게 먼저 연락하는 게 맞을까?

해당 지역의 물건을 오래전부터 찾던 단골 고객 또는 현금흐름에 여유가 있는 고객, 가족이나 친한 지인이다. 그런데 나는 중개사와 겨우 한두 번 본 사이라면 정말 좋은 급매 물건이 맞는지 잘 생각해봐야 한다.

진짜 급매와 가짜 급매를 구분해야 한다

진짜 급매는 급매인 이유가 있다. 이사, 이민, 직장 이동 등 명확한 사유가 있다. 시세보다 10~20% 정도 저렴해 합리적인 가격이고, 매도자와 대면이 가능하다. 등기부등본 등 서류도 깔끔하다.

반면, 가짜 급매는 정말 급한 상황인 것처럼 연출이 된다. 시세보다 너무 저렴하거나 급매인 이유가 모호하다. '곧 있으면 다른 손님이 보러 온다' 등 압박이 있고, 매도자가 지방 또는 해외에 있어 만나기 어렵다는 말을 하는 경우도 있다. 심지어 정말 좋은 물건이니 먼저 계약금부터 넣으라고도 한다.

실제로 시세 5억 원인 집이 4억 원에 나왔다는 급매 연락을 받고 방문했던 적이 있었다. 하지만 심각한 하자가 있었다. 누수, 내부 결함, 법적 문제 등 복합적으로 문제가 있는 집이라 아무도 사려고 하지 않는 집이었다. 그래서 급매라는 가면을 씌운 것이다.

 **내집마련 첫걸음**

급매를 만난 상황에서 현명하게 대처하려면 흥분하지 말고 침착해야 한다. 만약 정말 좋은 매물이라고 생각이 든다면 '왜 급매인지, 언제 나왔는지, 그 물건이 왜 나에게 연결이 되었는지' 등 구체적인 질문을 해보는 게 좋다.

계약금과 중도금, 잔금 비율은 어떻게 정하는 게 유리할까?

각각의 비율과 시기 정하는 법

부동산을 살 때 돈을 한 번에 다 주는 것이 아니라 여러 단계로 나누어 지급한다. 가계약금, 계약금, 중도금, 잔금으로 구분되며 각각의 비율과 시기를 정하는 것이 중요하다.

① 가계약금

매매 의사를 확정하는 단계에서 본 계약 전에 이 부동산을 찜한다는 의미로 지급하는 돈이다. 매매를 할 때 가계약금과 계약금을 변심했다고 돌려달라고 해봤자 위약금 명목으로 돌려주지 않는 것이 일반적이다. 전세와 달리 매매에서는 가계약금과 계약금 회수가 매우 어렵다. 그러니 신중하게 결정해야 한다. 특약으로 '돌려줄 수 있다'는 문구를 넣어도 법적으론 돌려주지 않는 사례가 있었다.

② 계약금

본격적인 매매계약서 작성 시 지급하는 돈이다. 10% 내외가 일반적이다.

③ 중도금

선택사항이다. 매수자와 매도자가 협의하여 설정할 수 있으며 보통 매매대금의 40~60% 내외로 한다. 대출 실행 전에 지급하는 경우가 많다.

중도금 지급 후에는 해제가 불가능하고(민법 565조 해약금 제1항), 만일 꼭 해지해야 한다면 합의가 필요하다. 합의하지 않은 일방적 계약 파기는 손해배상청구 등 문제가 발생할 수 있다.

매수자가 중도금을 급히 보내는 경우는 부동산 상승장에서 해약을 막고 싶어서 쓰는 수단으로 쓰이기도 한다.

④ 잔금

나머지 모든 금액이다. 잔금을 치르는 동시에 소유권 이전 등기가 진행된다.

계약금을 높게 설정하면 진짜 매수할 의지가 확실하다는 인상을 준다. 그러나 가장 큰 문제는 리스크다. 만약 대출이 안 되거나 다른 이유로 계약을 취소해야 하는 상황이 오면 계약금 전액을 잃는다.

계약금을 낮게 설정하면 리스크를 최소화할 수 있다. 만약의 상황에 손실을 줄일 수 있고 초기 자금 부담도 적다. (부동산 상승장에선 계약금 비율을 높여서 계약 해지를 막으려 한다.)

중도금을 설정할지 여부도 중요한 선택이다. 거래 은행에서 대출 승인이 확정된 후 중도금을 지급하는 방식으로 하면 매수인의 리스크가 줄어든다. 매도자도 중간에 일정 금액을 받을 수 있어 선호하는 경우가 많다. 단 매수인이 주의해야 할 것은 전세 임차인이 있는 경우 '임대료 + 계약금 + 중도금'의 금액이 매매가격에 거의 근접한다면 (잔금의 비율이 적은 경우) 매매 거래 사고가 발생할 수도 있음을 인지하고 중도금의 금액을 책정한다. 예를 들어, 잔금 기일이 되기 전에 매도인이 악의적으로 제3 금융, 즉 대부 대출을 받아서 집값보다 훨씬 많은 금액(계약금 + 중도금은 어디에도 표시가 되지 않아 대출이 가능함)을 챙겨 잠적하는 경우가 발생할 수 있다.

중도금 없이 계약금에서 바로 잔금으로 가는 방식을 가장 많이 사용한다. 절차가 간단하고 중간에 추가 자금을 준비할 필요가 없다. 하지만 매도자가 부담스러워할 수 있고, 잔금일까지 기간이 길면 매도자가 배액 배상을 하고 계약을 파기할 수도 있다.

 내집마련 첫걸음

상황별 최적 비율 가이드

① 매수자 우위 시장(중보합, 하락장)
- 적은 계약금(5~10% 내외)
- 중도금이 꼭 필요하지 않다.
- 나머지 금액을 등기 이전과 동시에 진행한다.

② 매도자 우위 시장(상승장)
- 계약금을 10% 이상 한다.
- 빠른 시일에 적당한 금액의 중도금을 송금한다.
  (대출금액, 임대보증금을 제한 / 10~30% 내외)
- 나머지 금액을 잔금으로 한다.

내집마련 시 발생하는 비용에 대해

"드디어 내집마련이다!"

기뻐하던 순간도 잠시, 예상치 못한 각종 비용 청구서에 당황했던 경험이 있다. 집값과 대출금만 신경 쓰다가 숨어 있는 추가 비용에 놀라는 내집마련 초보자들이 많다.

첫 집을 살 때 법무사 사무소에서 보내온 등기 비용 내역서를 보고 깜짝 놀랐다. 인지세? 취득세? 교육세? 이게 다 무슨 말일까? 그리고 보수료, 교통비 및 일당 등 처음 보는 추가 비용이 많았다.

대부분의 사람들은 집을 살 때 대출을 실행하는데, 이 과정에서 은행은 연계된 법무사 사무소를 소개해준다. 부동산 거래와 대출 과정에는 복잡한 법적 절차가 필요하다. 법무사는 등기부등본 확인, 소유권 이전, 근저당권 설정 등 모든 법적 절차를 대행해주며, 이 과정에서 여러 비용이 발생한다. 법무사 사무소에서 보내온 등기 비용 내역서는 이러한 비용을 모두 담고 있다.

추가 비용으로 인해 당초 계획했던 인테리어 비용을 줄여야 할 상황이 되었다. 장판과 도배를 모두 하려 했는데 도배만 하게 생겼다.

등기부에 말소할 내역이 있으면 말소비용까지 개별로 추가된다. 이렇게 숨겨진 비용들 때문에 많은 사람들이 처음 잡은 예산이 초과된다.

그래서 이번에는 내집마련 시 발생하는 비용을 정리해보려 한다. 이 글을 읽고 나면 예상치 못한 지출로 당황하는 일이 적어질 것이다.

1. 부동산 중개수수료(복비)

집을 사고팔 때 부동산 중개사에게 지불하는 비용이다. 흔히 '복비'라고 불리는데 매매 가격에 따라 요율이 달라진다. 예를 들어, 3억원짜리 집을 살 경우 0.4% 이율을 적용해 120만원을 중개보수로 낸다.

거래내용	거래금액	상한요율	한도액
매매·교환	5천만원 미만	1천분의 6	25만원
	5천만원 이상 ~ 2억원 미만	1천분의 5	80만원
	2억원 이상 ~ 9억원 미만	1천분의 4	없음
	9억원 이상 ~ 12억원 미만	1천분의 5	없음
	12억원 이상 ~ 15억원 미만	1천분의 6	없음
	15억원 이상	1천분의 7	없음

출처 : 서울부동산정보광장

2. 취득세

부동산을 취득했을 때 내는 세금이다. 지방세의 일종으로 종류, 부동산 가격 등에 따라 세율이 달라진다.

| 취득세율 |

구분	기준 금액	세율
1주택자	6억 이하	1%
1주택자	6억 초과 9억 이하	1~3%
1주택자	9억 초과	3%
구분	조정대상지역 외	조정대상지역 내
2주택자	1~3%	8%
3주택자	8%	12%

취득세는 주택 취득일로부터 60일 이내에 납부해야 하며, 기한을 넘기면 가산세가 부과된다. 이 세금은 지자체마다 약간의 차이가 있을 수 있으니 해당 지역 구청 또는 시청 세무과에 문의하는 게 좋다.

3. 인지세

인지세는 부동산 거래 계약서에 붙이는 일종의 증지세다. 계약금액에 따라 달라진다.

4. 법무사 비용

부동산 거래 시 등기 업무를 처리하기 위해 법무사를 고용하게 된다. 대출을 실행하면 은행에서 연계된 법무사 사무소를 소개해주는 경우가 많다. 법무사가 모든 등기 절차를 대행해주는데 여기에도 비용이 발생한다. (기본 보수료 / 교통비 및 일당 / 등기신청 수수료)

법무사 비용은 사무소마다 차이가 있다.

5. 말소등기 비용

매도인의 기존 근저당을 말소하는 비용이므로 매도자가 부담한다. (대략 1건당 5만원 정도 비용 발생)

6. 추가 비용

- 인테리어
- 이사업체 비용
- 대출 관련 비용(보증료, 근저당권 설정비, 채권 비용)

숨겨진 비용 때문에 당황하지 않도록 사전에 모든 비용을 꼼꼼히 계산해야 한다. 예상치 못한 지출로 인테리어를 포기하거나 생활비를 줄이는 상황이 생기지 않도록 자금 계획을 미리 준비하길 바란다.

내집마련 첫걸음

비용 절약하는 팁

- **중개수수료 협상하기**

법정 상한선보다 낮게 협상해보기 (저자는 밥값을 더 주는 편이나 각자 사정에 맞게 진행한다.)

- **인테리어 우선순위 정하기** (실용적인 선에서 업체 선정)

'셀인 인테리어 카페'에서는 후기가 좋은 인테리어 업체를 추천한다. 한편 실제 후기보다 업체(업자)의 글이 주로 업로드되는 '인기통'이나 '숨고'는 더 꼼꼼한 확인이 필요하다.

- **이사비용 견적 비교하기**

- **취득세 감면 혜택 확인하기**

생애 첫 주택 구입이거나 특정 조건을 충족하면 취득세 감면 혜택을 받을 수 있다.

내집마련 첫걸음 044

빚이라고 생각한 것이
수익의 빛이 되다

대출을 다르게 해석하기

'빚도 능력이다'라는 말을 처음 들으면 '무슨 소리야 빚은 빚이지'라고 생각한다. 하지만 부동산을 공부하고 시간이 지나면 이 말의 의미를 이해하게 된다.

실제로 금융기관에서는 개인의 능력과 신용에 따라 대출 한도가 결정되기 때문에, 결국 대출을 받는 것도 자신의 능력 중 하나라고 할 수 있다.

예를 들어, 현금 8천만원으로 주택 가격의 80%인 3억 2천만원을 대출받아 4억원짜리 집을 살 수 있다면, 이는 적은 자본으로 더 큰 자산을 확보하는 레버리지 효과다. 만약 2년 후 이 집의 가치가 5억원으로 올랐다면, 내 순자산은 8천만원에서 1억 8천만원으로 늘어나는 것이다. 대출 없이 현금만으로는 8천만원짜리 집만 살 수 있고, 이런 높은 수익률을 기대하기 어려웠을 것이다.

그래도 이런 대출이 부담스럽게 느껴진다면 다른 방법도 있다.

예를 들어, 투룸에 대한 대출을 받았는데 월 이자가 110만원이라고 가정해본다. 해당 집은 입지가 좋아 여러 가지로 활용이 가능한 집이다.

에어비앤비로 활용할 수 있다면 대략 평일 9만원, 주말 12만원의 수입이 생긴다. 최소 80% 예약률을 적용해 한 달을 계산해보면 월 수익은 약 220만원이다. 여기서 월 이자 110만원을 빼면 매월 약 110만원의 순수익이 남게 된다. 이렇게 되면 대출로 인한 '빚'이 오히려 수익을 창출하는 '빛'으로 변한다.

금리 선택도
중요한 전략이다

금리가 낮은지는 어떻게 파악할까? 금리 예측은 전문가도 어려워한다. 오늘의 4%가 낮은 줄 알고 고정금리로 선택했는데 2년 후에 보니 3%로 내려갈 수도 있고, 반대로 6%로 오를 수도 있다.

이런 불확실성 때문에 금리 선택은 미래 예측이 아닌 현재 자신의 상황에 맞춰 결정하는 게 좋다. 장기간 안정적인 상환을 원한다면 고정금리, 단기적으로 낮은 이자 부담을 원한다면 변동금리가 유리할 수 있다. 또는, 고정과 변동으로 각각 분산하는 방법도 있다.

대출금리가 낮은 시기에 고정금리(예를 들어, 2%)로 대출을 받아 집을 구매했다면, 5년 후 시장 금리가 4~5%로 오른 상황에서도 여전히 낮은 이자로 대출을 유지할 수 있다. 게다가 인플레이션으로 화폐가치는 떨어지는데 고정금리로 대출 상환액은 변하지 않으니 시간이 갈수록 실질적인 부담은 오히려 줄어든다. 월급은 점차 오르는데 대출 상환액은 그대로이므로 상대적으로 부담이 적어지는 셈이다.

주택담보대출 이자는 특정 조건에서 세액공제 혜택도 받을 수 있어 실질적인 이자 부담을 더 줄일 수 있다. 결국 세금도 아끼고 자산도 늘리는 일석이조의 효과를 볼 수 있다.

 내집마련 첫걸음

> 대출은 활용하기에 따라 함정이 될 수도 있고 도구가 될 수도 있다. 무분별하게 대출을 실행해 감당하기 어려운 규모로 자산을 확대하면 위험하다. 하지만 자신의 현금 흐름과 상환 능력을 파악하고 계획을 세워 대출을 활용한다면 '빚'이 '빛'으로 바뀐다. 핵심은 빚을 어떻게 활용하는가에 있다. 대출은 두려워할 대상이 아닌 현명하게 다룰 줄 알아야 하는 또 하나의 재테크 도구다.

내집마련 첫걸음 045

대출받을 때 듣는
외계어 같은 이야기

변동금리, 고정금리, 원리금균등, 원금균등

집값이 계속 오르는 걸 보고 계속 임차인으로 살 수 없다는 생각이 들었다. 더이상 미룰 수 없겠다 싶어서 부동산에 가서 집도 보고 원하는 매물도 찾았다. 이제 대출만 알아보면 된다는 생각에 설렘 반 걱정 반으로 은행 방문을 준비한다.

인터넷으로 대출 정보와 후기를 밤새 찾아보고 공부했다. 이 정도면 준비 완료라는 생각으로 은행에 갔는데 은행 직원이 하는 말은 한국말인데도 외국어 같았다.

"변동금리로 하시겠어요? 고정금리로 하시겠어요?"

"원리금균등 상환으로 할까요? 원금균등 상환으로 할까요?"

"중도상환 수수료는 이렇게 되고요…."

분명 미리 공부하고 갔는데 무슨 소린지 하나도 모르겠다. 뭐가 좋은 건지 물어보니 상황에 따라 다르다고 한다. (당신이 고르고 선택하라는 뜻이다.)

대출을 실행할 때 가장 헷갈리는 부분이 바로 금리 선택과 상환 방법 선택이다.

변동금리 vs 고정금리

변동금리는 시장 상황에 따라 금리가 바뀐다. 보통 3개월마다 조정된다. 1월 30일에 대출받았다면 4월 30일, 7월 30일, 10월 30일 이런 식으로 3개월마다 금리 변경 문자가 온다.

문제는 금리가 오를지 내릴지 모른다는 것이다. 떨어지면 이자가 줄어서 좋지만 올라가면 갑자기 월 납입금이 늘어나서 굉장히 부담스러워진다.

고정금리는 처음 정한 금리로 대출 기간 내내 같은 이자를 내는 방식이다. 시장 금리가 폭등해도 영향을 받지 않아서 안정적이지만 금리가 떨어져도 깎아주는 혜택이 없다는 사실을 감당해야 한다.

원리금균등 vs 원금균등

원리금균등 상환은 매달 똑같은 금액을 내는 것이다.

예를 들어, 1억원을 5%로 30년간 빌렸다면 월 54만원 정도를 30년 내내 동일하게 낸다. 처음에는 54만원 중 이자가 42만원이고 원금이 12만원 정도다. 시간이 지나면서 이자는 줄고 원금은 늘어난다. 그래서 뒤에 납부하는 걸 보면 이자 2만원과 원금 52만원 이런 식으로 바뀐다. 매달 내는 돈은 고정인데 구성이 바뀌는 방식이다. 월급을 받는 직장인에게 가장 무난한 선택이다. 매달 얼마가 지출되는지 정확히 알 수 있어서 돈 관리하기 편하다.

　원금균등 상환은 빌린 돈을 360개월(30년)로 나눠서 매달 같은 원금을 갚는다. 1억원을 360개월로 나누면 매달 약 28만원씩 원금을 갚는 셈이다. 거기에 남은 대출금에 대한 이자를 더해서 낸다. 처음에는 1억원에 대한 이자 42만원을 내니까 총 70만원 정도 내지만 시간이 지나면서 대출금이 줄어드니까 원금만 내게 된다.
　계산하기는 복잡하지만 원리금균등보다 총 이자를 적게 내는 장점이 있다.

　이 외에 만기일시 상환은 말 그대로 간단하다. 매달 이자만 내고 있다가 대출이 끝날 때 빌린 돈을 한 번에 갚는 방식이다. 이 방식은 주택담보대출보다 전세자금대출이나 신용대출에서 많이 사용된다.

　대출 기간을 30년으로 정했다고 해서 꼭 30년 동안 갚아야 하는 건 아니다. 나중에 돈이 생기면 30년보다 일찍 갚아도 된다. 다만 이럴 때는 수수료를 내야 한다. 이게 바로 중도상환수수료다. 돈을 빨리 갚는데 왜 수수료를 내야 하는지 의문이겠지만, 은행 입장에서는 이자 수익이 줄어들고 진행 시 들어간 비용을 위해 상환수수료를 받는다. 요즘은 중도상환수수료 없는 상품들도 있다. 그리고 전액 중도상환도 있고 일부 중도상환도 있다. 일부를 갚으면 남은 기간 동안 월 납부액이 줄어든다.

　대출을 실행하고 시장 금리가 떨어지거나 내 신용등급이 올라가면 더 좋은 조건으로 갈아탈 수 있다. 고정금리로 대출받았는데 시장 금리가 많이 떨어졌다면 갈아타는 걸 고려해봐야 한다. 반대로 변동금리로 대출을 실행했는데 금리가 계속 오를 것 같으면 고정금리로 갈아타는 것도 방법이다.

다만 갈아탈 때도 비용이 든다(새로운 대출 수수료, 중도상환수수료 등). 그래서 계산해본 후 정말 이득이 될 때만 갈아타야 한다.

 내집마련 첫걸음

첫 대출은 떨리고 누구나 어렵다. 하지만 조금만 공부하고 가면 훨씬 좋은 조건으로 대출을 받을 수 있다. 그리고 대출을 받았다고 멈추지 말고 꾸준히 관심을 갖고 금융의 흐름도 파악하면서 대출금과 이자를 매달 상환해야 한다.

신용점수도 꾸준히 관리하면 눈에 띄게 오른다

신용점수 올리는 법

대출을 실행하기 위해서는 신용점수도 중요하다. 신용점수에는 '나이스NICE'와 'KCB' 두 가지가 있다. 은행마다 기준으로 삼는 것이 다르니 두 곳의 점수를 다 관리해야 한다.

신용점수 관리를 안 하는 사람들이 많지만, 관리 방법은 생각보다 간단하다.

1. 단기 대출을 받으면 안 된다

급전이 필요해서 받는 소액대출, 카드론 같은 게 단기 대출이다. 단기 대출을 받으면 단번에 신용점수가 확 내려간다. 만약 단기 대출을 받았다면 최대한 빨리 빌린 돈을 갚고 신용등급을 올려야 한다.

2. 카드 사용 패턴을 바꾸는 방법도 있다

카드 한도의 100%를 사용하는 것은 신용점수를 낮추게 된다. ('카드 한도의 40%만 사용해서서 신용점수가 올랐습니다'라는 문자를 받는 게 이상적이다.)

3. 연체는 안 된다

카드값, 통신비, 보험료 등이 연체된다면 신용점수에 영향을 준다.

4. 오래된 기존 카드는 해지하지 않는 것이 좋다

오래된 카드일수록 이력이 쌓여서 좋다. (카드 해지 시 신용점수가 내려가는 것을 확인할 수 있다.)

 내집마련 첫걸음

신용점수는 최소 6개월에서 1년은 꾸준히 관리해야 눈에 띄게 오른다. 신용점수가 높으면 대출금리도 낮아지고 한도도 높아진다. 집 살 때 몇 천만원 차이가 날 수 있으니 평상시 관리하자.

부동산 공인중개소 사장님 유형별 대처법

첫 내집마련을 준비하는 사람이라면 부동산 공인중개사와의 만남이 설레면서도 막막할 것이다. 중개사도 결국 사람이기 때문에 성격과 영업 스타일이 천차만별이다. 미리 어떤 유형들이 있을지 예상하고 가면 당황하지 않고 대처할 수 있다.

❶ **가장 만나면 좋은 유형이 바로 친절하게 설명하는 타입이다.**

이런 중개사는 하나하나 자세히 설명해주고 질문하면 성심성의껏 답변해준다. 시간도 충분히 내어주는 편이다. 이런 분을 만났다면 운이 좋은 것이다. 궁금한 건 적극적으로 물어보고 중요한 내용은 적어두는 게 좋다. 다만 너무 의존하지 말고 다른 중개사 의견도 종합적으로 들어보는 게 좋다.

❷ **반대로 '이런 것도 몰라?'식으로 반응하거나 설명을 대충하는 중개사도 있다.**

빨리빨리 처리하려 하고 질문을 귀찮아한다. 이런 분을 만났다고 해서 상처받을 필요는 전혀 없다. 원래 그런 스타일이다. 핵심 질문만 간단명료하게 하고, 만약 너무 불친절하다면 다른 중개사를 알아보면 된다.

❸ **가장 조심해야 할 유형이 바로 영업 푸시형이다.**

집을 보여주자마자 계속 "어때요? 좋아요?"를 연발하고 다른 사람도 관심있다며 재촉한다. 심지어 당일 가계약을 유도하기도 한다. 부동산 초보자들은 이런 상황에 "어어?" 하며 당황해서 성급하게 가계약하는 경우가 많다. 절대 그러면 안 된다. 집을 좀 더 보고 결정하겠다고 단호하게 말하거나 가족과 상의 후 연락드린다고 시간을 벌어야 한다. 가계약은 정말 신중하게 해야 하는 결정이다.

요즘 신생 부동산 중에는 집을 보여주고 소개만 해주는 직원들이 따로 있는 경우도 많다. 이런 분들은 젊고 친근하지만 상세한 설명보다는 안내 위주로 일한다. 이런 경우에는 중개사에게 한 번 더 문의하고 계약조건도 반드시 다시 직접 확인하는 게 좋다.

어떤 유형의 중개사를 만나든 기억해야 할 점이 있다.

먼저 여러 중개사를 비교해보는 것이다. 한 곳에서만 상담받지 말고 최소 5곳은 가 봐야 한다.

반대로 하지 말아야 할 것도 있다.

중개사 말에 100% 의존하거나 감정적으로 상처받지 말아야 한다. 재촉에 휘둘려 성급하게 결정해도 안 되고, 첫 번째 본 집을 바로 결정하는 것도 위험하다.

내 페이스로 신중하게 결정해야 한다.

부동산 거래는 인생에서 몇 번 없는 큰 결정이다.

"지금 살고 있는
집이
내 마지막 집일까?"

#갈아타기

4장

부동산 감각을 두 배로 키우고 좋은 집으로 갈아타는 기술

내집마련 첫걸음 047

주변에서 이런 집은 사는 거 아니래요

투자 신념을 무너뜨리는 속삭임

부동산 공부를 열심히 했다. 시장 분석도 하고, 지역별 가격 동향도 살펴보고, 미래 개발 계획까지 꼼꼼히 확인했다. 그래서 내린 결론은 가치가 있고 저렴한 낡은 빌라였다. 대지 지분도 넓고 개발 가능성도 있으며 현재 시세 대비 저평가되어 있다고 판단했다.

그런데 주변 사람들의 반응은 아니었다.

"낡은 집 사는 거 아니야. 요즘은 신축 아파트나 오피스텔 사는 거야."
"빌라는 관리가 힘들어. 아파트가 훨씬 나아."
"누구누구는 신축 오피스텔 샀는데 너무 좋다더라."

처음에는 확신이 있었지만 이런 말들을 계속 들으면 점점 흔들린다. 내가 잘못 선택한 건 아닐까 하는 의문이 들기 시작한다.

이런 상황에서 가장 중요한 건 조언해주는 사람이 정말 부동산을 공부한 사람인지 아닌지 구분하는 것이다. 부동산에 대해 제대로 공부해본 적도 없으면서 단순히 요즘 트렌드나 남들이 하는 말만 따라하는 사람들의 조언은 걸러 들어야 한다.

진짜 공부한 사람은 그렇게 말하는 이유가 있다. 그 지역은 어떤 상황으로 전세가 어떻고, 주변 개발은 이렇게 되고 있고, 대지 지분이 이 정도 되는 게 더 유리하다는 식으로 말한다.

반면 공부를 안 한 사람은 '다들 그래', '요즘은 그래', '보기에 안 좋아' 등 추상적인 말만 한다.

그리고 확신과 고집을 구분할 줄 알아야 한다.

자신이 공부하고 분석한 결과에 대한 확신도 중요하지만 새로운 정보와 변화가 나올 땐 유연한 대처가 필요하다. 동네에 생각하지 못한 악재가 생기거나 시장 상황이 크게 바뀌었다면 내가 생각했던 기존 계획을 재검토할 용기도 필요하다.

남들에게 자랑할 수 있는 집을 사려고 하면 본질을 놓치기 쉽다. 부동산 투자는 남들에게 보여주기 위한 것이 아니다. 내 상황, 목표, 스타일에 맞는 선택이 가장 중요하다. 친구들이 당장 멋진 아파트라고 감탄해주는 것보다 몇 년 후 '그때 그 집 잘 샀네'라고 인정받는 것이 더 의미있다.

결국 시간이 증명해준다.

지금은 주변에서 물음표를 던지더라도 몇 년 후 결과를 보면 누가 맞았는지 알 수 있다. 지금껏 발전의 역사를 생각해보면 당시에는 왜 그런 곳에 투자하냐고 말했던 지역들이 나중에 대박 나는 경우가 많다. 강남, 분당, 판교 모두 처음에는 '외진 곳에 가는 거 아니다'라는 소리를 들었던 지역이다.

 내집마련 첫걸음

부동산에서 가장 중요한 것은 자신만의 기준과 철학을 갖는 것이다. 물론 다른 사람 조언에 귀기울이는 것도 필요하다. 하지만, 조언이 감정적인 조언인지, 논리적인 조언인지, 근거가 있는지 판단할 수 있어야 한다.

내집마련 첫걸음 048

개발의 미래를 알고 싶다면 아파트 브랜드를 파악하라

부동산 개발에서 중요한 시공사

"○○물산 ○○구역의 개발을 축하합니다."

"○○건설과 함께하는 새로운 도시의 시작"

"○○건설 착공을 응원합니다."

재건축, 재개발하는 동네를 지나다 보면 도로변, 아파트단지, 빌라 사이사이에 현수막들이 걸려 있다. 보통은 그냥 개발한다는 정도로만 생각하고 지나친다.

그런데 이런 현수막들을 그냥 지나쳤다면 큰 정보를 놓치고 가는 것이다. 이 현수막들은 단순한 축하 메시지가 아니라 그 지역 개발의 미래를 보여주는 강력한 단서다.

대부분의 사람들은 '아파트는 다 비슷하겠지'라고 생각하지만 실제로는 어떤 시공사가 짓느냐에 따라 집값이 크게 달라진다. 그리고 모든 개발 구역에 모든 시공사가 참여하는 것이 아니다. 대형 시공사들은 브랜드 가치와 수익성을 고려해서 선별적으로 접근한다. 건설사 브랜드의 광고효과가 큰 지역, 향후 개발 가능성이 높은 지역, 분양 성과가 좋은 지역을 우선 선택한다.

즉, 대형 시공사가 참여한다는 것 자체가 그 지역의 가치를 증명하는 것이다. 그들이 오랜 경험과 데이터를 바탕으로 선정한 지역이기 때문이다.

같은 지역 같은 평수라도 아파트 브랜드에 따라 적게는 몇 백만원에서 크게는 몇 억원까지 차이가 난다. 심지어 같은 단지인데도 시공사가 다르면 가격이 확연히 달라지는 경우도 있다. (컨소시엄 공사 후 가격 차이 발생)

왜 이런 일이 일어날까? 브랜드의 힘 때문이다. 같은 차라도 경차와 중형차 값이 다르듯 아파트도 브랜드에 따라 소형, 중형, 대형 건설사의 가치가 달라진다.

첫 번째는 브랜드 파워다.

대형 시공사들은 오랜 시간 쌓아온 신뢰와 명성이 있다. 사람들은 이런 브랜드를 선호하고 선호도가 높으면 당연히 가격도 올라간다.

두 번째는 품질이다.

대형 시공사들은 그동안 쌓아온 기술력과 노하우가 다르다. 마감재부터 설계 시공까지 차이가 난다. 살아보면 그 차이를 더 느낄 수 있다.

세 번째는 사후관리다.

아파트는 만드는 걸로 끝이 아니다. 하자 처리부터 각종 AS까지 입주 후에도 관리가 필요하다. 대형 시공사들은 이런 부분에서도 체계적으로 관리한다.

브랜드 차이를
구별할 줄 알아야 한다

브랜드에 따라 집값이 달라지고 시설과 품질이 달라진다. 마감재, 설비, 조경, 부대시설 등 모두 다르다. 그리고 브랜드에 따라 향후 가치 상승폭이 달라질 수 있다.

그렇다면 개발 현장에서 어떻게 이런 정보를 읽을 수 있을까?

가장 쉬운 방법은 플래카드를 보는 것이다. 여러 시공사 플래카드가 붙어있을 때 어떤 브랜드 이름이 적혀 있는지 확인한다. 프리미엄 브랜드가 보인다면 고급 아파트단지가 들어설 가능성이 높다.

또한, 인터넷에서 해당 지역 개발을 검색해보면 어떤 시공사가 어떤 브랜드로 분양 예정인지 확인할 수 있다.

개발 예정 현장을 볼 때 몇 개의 브랜드 시공사가 동시에 입찰을 들어오는지도 중요하다. 다수의 프리미엄 브랜드가 들어온다면 그만큼 지역의 가치가 높다는 뜻이다. 건설사도 수익성이 있는 곳에만 프리미엄 브랜드를 투입한다.

아파트 브랜드는 크게 세 단계로 나뉜다.

① 프리미엄 브랜드

대형 건설사의 최고급 라인이다. 롯데건설의 르엘, 현대건설의 디에이치, DL이앤씨의 아크로, 대우건설의 푸르지오 써밋, 두산중공업의 트리마제, 포스코이앤씨의 오티에르 등이 속한다.

② 일반 브랜드

보급형 라인이다. 품질은 나쁘지 않지만 프리미엄보다 저렴한 자재를 사용하고 설계도 조금 더 단순해진다.

③ 저가 브랜드

중소 건설사나 대형 건설사의 가장 저렴한 라인이다. 가격은 저렴하지만 브랜드 파워가 없어 추후에 매도해야 할 경우 타 아파트단지에 비해 금액 면에서는 불리할 수 있다.

 내집마련 첫걸음

단순히 '아파트가 들어온다'보다 어떤 브랜드의 아파트가 들어오는지 판단하면 지역의 미래 가치를 알 수 있다. 다음에 시공사 플래카드를 본다면 꼭 브랜드까지 확인하는 것을 권장한다.

내집마련 첫걸음 049

공공청사가
갑자기 다른 곳으로 이전한다면?

나라에서도 원하는 동네는 미리 선점한다

'LH 임대아파트가 많이 생기네?'
'구청이 왜 굳이 외진 곳으로 이사를 가지?'

이런 일들이 우연일까? 아니다. 부동산의 숨겨진 비밀이다.

우리 주변의 집들은 대부분 개인이나 회사(법인)가 소유하고 있지만, 사실 국가도 많은 집을 가지고 있다. LH공사, SH공사, GH공사 같은 기관이 소유한 공공임대주택이 바로 국가 소유의 집이다.

신기한 점은 국가 소유의 집들이 처음엔 별로 주목을 못 받던 동네에 많다는 것이다. 그리고 몇 년 뒤 그 동네가 갑자기 개발된다고 발표한다.

예를 들면, 서울 강서구 마곡동은 20년 전까지만 해도 사람들이 잘 모르는 지역이었다. 그런데 거기에 LH 임대주택이 엄청 많이 지어졌다. 그리고 2007년 마곡지구가 대규모 개발된다는 발표가 나왔고, 2017년부터 삼성, LG와 같은 대기업들이 입주하기 시작했다. (마곡동 LH 2011년부터 공급, 2017년부터 대기업 입주 및 마곡 도시 개발사업에 대한 실시계획인가 고시)

또 다른 예로, 우리가 많이 알고 있는 세종시가 있다. 정부 청사들이 이전하기 전에는 그냥 시골이었다. 하지만 지금은? 부동산 가격이 폭등한 신도시가 되었다. (대선 때마다 폭등과 하락을 경험하는 도시)

국가는 미래를 미리 알고 있다. 정확히는 미래를 계획하는 주체다. 어느 동네가 발전할지, 어디에 도로가 생길지, 어디에 지하철이 들어올지, 국가와 지자체가 계획한다. 우리는 집 한 채 이사하는 것을 고민하고 있을 때 국가는 도시 전체가 어떻게 변할지 미리 계획 중이다.

그래서 공공청사나 국가기관이 갑자기 다른 곳으로 이전한다면 그것은 중요한 신호일 수 있다. 그 지역에 큰 개발이 예정되어 있을 가능성이 높다. 반대로 구시가지에서 공공기관들이 빠져나가 신시가지로 이전되면 구시가지의 가격이 상대적으로 하락하는 경우가 많다. 공공기관이 떠나면 그 주변 상권도 무너진다. 반면 공공기관이 새로 들어선 신시가지는 급격한 가치 상승을 경험하게 된다.

 내집마련 첫걸음

부동산 투자에서 성공하고 싶다면 이런 정부의 도시계획과 공공기관 이전 계획을 분석하는 것도 하나의 방법이다. 소문이나 추측보다는 정부의 정보를 활용해 도시계획을 미리 파악하면 미래 가치 상승 지역을 예측할 수 있다.

내집마련 첫걸음 050

집의 무한한 가능성을 연결해주는 '도로'

집과 도로의 상관관계

　부동산에는 일정한 흐름이 있다.

　부동산과 관련된 통계적인 숫자뿐 아니라 도시 구조와 인구 이동의 방향을 읽는 감각이 중요하다. 이 감각을 익히면 과도한 데이터 분석 없이도 향후 주목받을 지역을 예측할 수 있다.

　미래 가치가 상승한다는 것은 결국 인구가 유입된다는 의미. 부동산(집)의 가격을 결정하는 요인은 다양하지만, 핵심은 해당 지역에 사람이 얼마나 몰리는가에 있다.

　예전에는 관심을 못 받던 지역에 젊은 층이 유입되고 그에 맞는 상권이 형성되며 개발이 이어진다. 자연스럽게 상가의 임대료는 오르고 주거 부동산을 포함해 부동산 가치가 상승한다. 부동산 가치 상승은 곧 가격 상승을 의미한다.

연무장길 형성 전후 가격 비교

서울 성동구 성수동에 있는 일명 '연무장길'은 이런 흐름을 잘 보여준다. 과거 성수동은 노후된 주택이 많고 공장만 많은 비주류 지역이었다.

서울 다른 지역과 비교했을 때 상대적으로 저렴한 월세로 인해 예술가, 창작자, 소상공인들이 자리 잡기 시작했고 개성 있는 소규모 가게들이 생기면서 젊은 층의 인구 유입이 증가했다.

점차 시간이 지나면서 길가에 상권이 길게 형성되고 임대료가 오르기 시작했다. 또한, 노후화된 단독주택, 다세대 빌라 등을 기업이 매입하여 건물 리모델링을 하면서 주변 시세 전반이 상승했다.

이런 과정은 부동산 투자에 있어서 단순해 보이지만 가장 기초적인 흐름을 보여준다.

① 저렴한 동네에 젊은 층 유입
② 소규모 가게와 동네를 나타내는 문화가 생김
③ 사람이 몰리고 상권이 활성화됨
④ 건물 리모델링 및 임대료 상승 시작
⑤ 투자자들 주목 + 부동산 가격 상승

망원동, 을지로 등도 유사한 과정을 거쳤다. 사람의 이동을 먼저 읽으면 미래 가능성이 있는 지역을 미리 파악할 수 있다. (맛집과 유명한 가게의 입점도 확인)

한편, 도로는 개발 가능성을 판단하는 주요 단서가 된다. 특히 현재 교통량 대비 과하게 넓은 도로는 향후 개발을 전제로 미리 조성된 경우가 많다. 개발이 예정된 지역은 도로부터 먼저 확장하는 경우가 많으며, 이로 인해 해당 지역의 가치 상승 가능성을 미리 가늠할 수 있다.

즉, 도로가 넓다는 것은 교통 이상의 의미다. 단순한 인프라가 아니라 도시 구조의 변화를 보여준다.

① 유입 인구에 대비한 기반 시설 확대
② 대중교통 및 상업지구 확장
③ 주변 남은 땅 활용 (예 주변 그린벨트 해제)

이제 넓은 도로를 보면 다음과 같은 질문을 던져보자.

> Q1. 이 도로는 어디에서부터 인구를 유입해 올 수 있을까?
> Q2. 도로 주변에 어떤 인프라가 형성될 수 있을까?
> Q3. 해당 지점을 기준으로 개발이 가능한 범위는 어디일까?

외곽순환고속도로와 같이 넓은 도로 주변에 비닐하우스 형태의 꽃집이 눈에 띄게 많은 경우가 있다. 우연이라고 생각하거나 무심코 지나쳤을 것이다. 단순히 '봄 되면 꽃을 사러 가야지'라고 기억했을 것이다.

그러나 이것은 개발 전 단계에 흔히 나타나는 풍경 중 하나라는 걸 알아야 한다. 개발 예정지의 토지는 상업시설이나 주거 단지가 들어서기 전까지 일정 기간 비어 있는 경우가 많고, 이 시기 동안 임시 시설로 활용되기도 한다.

해당 지역이 아직 본격적인 개발에 들어가지 않았다는 의미이며, 동시에 조만간 변화가 시작될 가능성이 있다는 신호로 해석할 수 있다.

이처럼 눈에 잘 띄지 않는 작고 반복적인 현상들을 꾸준히 관찰하고 연결하다 보면, 어느 순간 지도만 봐도 해당 지역의 향후 흐름을 예측하는 감각이 생긴다.

 내집마련 첫걸음

단순히 '어디가 개발될까?' 고민하는 것이 아니라 무엇이 사람을 움직이게 하는지 이해해야 한다. 자연스럽게 부동산의 흐름을 읽을 수 있을 것이다. 부동산에서 중요한 건 데이터의 수치, 정보뿐만 아니라 현장을 직접 보고 느끼고 감각을 익히는 것이다.

내집마련 첫걸음 051

지금 살고 있는 집이 내 마지막 집일까?

스스로에게 한 번은 던져야 할 질문

아침에 눈을 떴을 때 창밖으로 보이는 풍경, 출근길에 걸어가는 골목, 퇴근 후 들어서는 현관문, 매일 반복되는 이 일상들 속에서 문득 드는 생각이 있다.

'이 집이 내 마지막 집일까?'

지금 집이 나쁘지 않지만 뭔가 아쉬운 부분들이 하나둘씩 보인다. 주차가 불편한 주차장, 높은 계단, 옆집 소음 등 처음에는 괜찮다고 생각했던 것들이 시간이 지나면서 점점 신경 쓰이기 시작한다.

지금 살고 있는 집에 대해 어떤 생각을 하며 살고 있는지에 따라 앞으로의 부동산 계획이 완전히 달라진다.

① 내 수준에 이런 집이라도 있으니 감사하다는 마음

현재에 만족하고 안정을 추구하는 마음가짐이다. 이런 사람들은 집을 투자 수단이 아니라 안식처로 본다. 대출 부담을 줄이고 여유로운 생활을 원한다.

② 더 좋은 집으로 가고 싶다는 마음

현재보다 더 나은 환경을 추구한다. 이런 사람들은 집을 발판으로 보고 계속해서 업그레이드하려고 한다. 약간의 위험을 감수하더라도 더 좋은 기회를 찾는다.

어느 쪽이 맞고 틀렸다는 건 없다. 하지만 분명한 것은 이 두 가지 마음가짐에 따라 전혀 다른 전략이 필요하다.

집은 단순히 잠만 자는 공간이 아니다. 삶의 질을 좌우하는 중요한 요소다. 매일 출퇴근하는 길, 주말에 산책하는 동네, 친구들을 만나는 카페, 아이들이 뛰어노는 공원 등 모든 것들이 우리 집과 연결되어 있다.

더 나은 집으로 이사하는 것은 새로운 동네 문화, 새로운 이웃, 새로운 라이프 스타일을 얻는 것이다. 아이들에게는 더 좋은 환경을, 가족에게는 더 편리한 인프라를 줄 수 있다. 반대로 무리해서 좋은 집으로 이사했다가 경제적 부담 때문에 오히려 삶의 질이 떨어지는 경우가 있다. 집값과 대출 때문에 스트레스를 받고 다른 소비를 줄여야 하는 상황이 되면 안 된다.

자신에게 질문을 해보는 게 중요하다. 현재 거주에 만족하는가? 질문의 답이 '아니다'라면 더 좋은 집으로 갈아탈 준비를 지금부터 해야 한다. 경제 상황을 지켜보고 재정계획을 세워 꾸준히 알아봐야 한다. 갑자기 좋은 기회가 와도 준비가 되어 있지 않으면 놓치고 만다.

반대로 답이 '만족한다'라면 지금 집에서 오래 살 계획이 필요하다. 리모델링을 해서 만족도를 높이거나 대출을 빨리 정리해서 경제적 부담을 줄이는 데 집중하면 된다.

 내집마련 첫걸음

"지금 집이 당신에게 마지막 집인가?"
질문의 답은 본인이 정하면 된다. 지금 집에 만족한다면 그 집이 마지막이고, 더 나은 곳을 원한다면 다음 집을 준비하면 된다. 어느 쪽이든 명확한 답을 가지고 있는 사람이 후회없는 선택을 할 수 있다.

부동산 시장이 어떤 분위기일 때 갈아타야 성공할까?

조용할 때와 핫할 때, 그리고 움직여야 할 시점

부동산 시장을 보고 판단한다는 것은 국가 전체, 나아가 세계적인 경제 흐름을 이야기하는 것이다. 그런데 이런 거시적 시장만 지켜보다가 뉴스에서 세계 경제가 안 좋다고 한다면 아무것도 안 할 것인가? 이런 상황이 내 집 한 채의 가치를 바로 결정하지는 않는다.

각 지역과 주택은 고유한 변동 요인을 갖고 있다.

한 지역의 아파트를 예로 들어보자.

지하철 노선이 새롭게 착공되는 시점이 있고, 몇 년 후 그 노선이 주요 도심까지 연결되며 완전히 개통되는 시점이 있다. 이 과정에서 해당 역 주변 아파트 가격에 직접적인 영향을 주는 두 번의 중요한 타이밍이 존재한다. 이때 언제 집을 팔고 사는지는 전국 부동산 시장 상황보다 이 지역

특수성에 더 크게 영향을 받는다.

그러나 많은 사람들은 언론에서 "부동산이 최고가를 찍었다"와 같은 뉴스를 접하면 '지금이 상승장이구나'라고 생각하고 자신의 집을 매물로 내놓는다. 그리고 나서 왜 매수자가 나타나지 않는지 의아해한다. 현실은 매수자들의 관심이 내 매물과는 상관없는 뉴스에서 언급된 '핫한' 지역으로 옮겨갔기 때문이다.

여기서 중요한 점은 특정 지역의 타이밍은 순환한다는 것이다.

한 번 놓친 기회가 영원히 사라지는 것은 아니다. 오히려 기회를 놓쳤다고 조급해진 나머지 급매로 내놓는 사람들이 손해를 보는 경우가 많다.

성공적인 갈아타기의 핵심은 내 집을 원하는 단 한 명의 매수자를 찾는 것이다. 매도의 기술은 대량 생산이 아닌 일등의 기술이다. 그 지역에서 내 집이 가장 매력적인 매물이 되어야 빠르고 좋은 가격에 매도할 수 있다. 이때 인테리어 비용을 그대로 가격에 반영하기보다는 경쟁 물건과 비슷한 가격에 올리되 더 좋은 인테리어를 통해 장점을 부각하는 게 좋다.

일반적으로 부동산 시장 상황보다 더 중요한 것은 대출 규제의 변화다. 대출 조건이 완화될 때 좋은 집으로 갈아타는 사람이 성공할 확률이 높다. 시장이 불안정할 때도 마찬가지다. 경제가 어렵다고 모두가 주저할 때 평소 꾸준히 공부한 사람만 집을 산다.

경제가 좋지 않을 때 집을 사는 게 무모하다고 하는 건 집을 사지 않았던 사람들의 말이다. 부동산 공부를 했던 사람은 기회와 위기를 판단할 수 있기 때문에 적은 경쟁 속에서 가장 좋은 집을 고를 수 있는 기회로 삼는다.

넓은 집이냐? 좋은 동네냐? 이것이 문제로다

넓은 집과 좋은 동네 중 고민될 때

서울 강남 20평 vs 경기도 중심지 50평 어떤 걸 선택해야 할까?

부동산 초보자들이 가장 많이 고민하는 것 중 하나다.

같은 예산이라면 도심에서는 작은 집을, 수도권에서는 넓은 집을 살 수 있다. 편리한 생활 인프라를 갖춘 동네에 살고 싶은 마음과 넓고 쾌적한 집에서 살고 싶은 마음, 둘 사이에서 갈등한다.

넓은 집의 가장 큰 장점은 공간이 여유롭다는 점이다. 각자의 사생활이 보장되고, 넉넉한 수납공간, 쾌적한 생활이 가능하다. 명절이나 가족 모임 때 많은 사람을 수용할 수 있는 충분한 공간도 나온다. 하지만 단점도 존재한다. 관리비, 공과금 등 고정지출이 증가하고 청소와 관리에 시간과 노동력을 많이 쓰게 된다. 게다가 강남 도심과 거리가 있다 보니 강남권으로의 이동 시간이 늘어난다.

도심에 있는 집은 어떨까? 출퇴근 시간 단축으로 하루 1~2시간을 추가로 확보할 수 있고 각종 인프라 접근성이 뛰어나다. (직장이 도심이라는 가정)

추가로 도심에 있는 집은 부동산 가치가 안정적으로 유지될 가능성이 높아 투자 가치도 높다. 하지만 같은 돈으로는 집의 사이즈가 많이 작아진다.

넓은 집과 좋은 동네의 선택은
나의 생활방식에 따라 결정

① 집에서 보내는 시간이 많은가?
재택근무를 하거나 주로 집에서 생활한다면 넓은 집이 좋을 수 있다.

② 매일 고정적으로 출퇴근을 하는가?
직장이 도심에 있고 매일 출근한다면 가까운 곳에 사는 것이 삶의 질을 높여줄 수 있다.

③ 자녀가 있는가?
어린 자녀가 있다면 넓은 공간에서 노는 게 좋지만, 청소년 자녀가 있다면 명문 학원과 명문 학군에 가까운 곳이 좋을 수 있다.

④ 외출 빈도가 잦은가? (외향적)

카페, 식당, 문화시설을 자주 이용한다면 도심에 있는 동네에 만족할 가능성이 높다.

실제 사례를 보면 이해하기 더 쉽다.

송파구에서 일하는 맞벌이 부부는 경기도 용인시 40평 아파트보다 서울 송파구 송파동 20평 빌라를 선택했고, 지금 생활에 만족한다. 출퇴근 시간을 아끼고 주말 문화생활이 즐거워졌다.

반면, 재택근무가 많은 프로그래머는 서울 강남구 20평보다 경기도 광주시 35평을 선택했고, 넓은 공간에서 일하는 게 더 좋다고 한다. (이 예시는 매수(소유)가 아닌 임대차로 거주하는 것을 비교한 것임.)

선택에서 답은 없다. 나와 맞는 선택이 최고의 선택이다.

넓은 집에 살면서 출퇴근 3시간이 가능할까? 작은 집에 살더라도 퇴근 후 20분 안에 집에 도착하는 게 좋을까? 새벽에 공원에서 달리기하는 것, 동네 카페에서 아침식사를 하는 것 등 예상되는 여러 상황을 비교해보면 된다.

저자는 개인적으로 도심에 있는 동네를 선택할 것 같다. 매일 머무는 공간도 중요하지만, 그 공간을 둘러싼 환경이 삶을 더 풍요롭게 만들어주는 경험을 하고 있다.

하지만 이건 저자의 선택일 뿐 당신의 선택은 다를 수 있다. 자신과 가족의 삶을 잘 들여다보고 어떤 환경이 더 행복을 가져다주는지 고민 후 결정하는 게 중요하다.

 내집마련 첫걸음

단, 투자의 개념이 한 스푼이라도 가미된다면 절대적으로 지분(각자가 소유하는 땅의 몫)의 가치를 고려해서 이사하는 것을 강력 추천한다.

내집마련 첫걸음 054

더 오를 가능성이 낮다는 신호 5가지

집값 하락 체크하는 법

10년 전만 해도 많은 사람들이 믿고 있었다.

부동산은 절대 떨어지지 않는다고, 특히 좋은 지역 집값은 계속 오를 수밖에 없다고.

하지만 금융위기와 최근 몇 년간 시장의 변수를 경험하다 보니 알게 되었다. 어떤 집은 한 번 떨어져도 금세 회복되지만, 어떤 집은 한 번 떨어지면 다시 오르지 못한다는 것을.

강남처럼 기본적인 메리트가 확실한 곳은 일시적으로 떨어져도 결국 회복된다. 하지만 모든 집이 그런 것은 아니다. 어떤 집은 계속 오르지만 어떤 집은 정체되거나 심지어 떨어진 채로 머물기도 한다.

그래서 내 집이 더이상 오를 가능성이 낮다는 신호도 객관적으로 알아야 한다. 부동산을 계속 보유하고 있다고 해서 가격이 오르기만 하는 것은 아니다. 오히려 잘못된 시점에 계속 붙잡고 있으면 기회비용만 커질 뿐이다.

집값 상승이 멈춘 집들에는 공통적인 특징들이 있다.
내 집이 다음 신호 중 3개 이상 해당된다면 매도를 고려해봐야 할 시점일 수 있다.

> **집값 하락 신호 체크리스트**
> ☐ 주변 개발이 완료된 후 지속적인 추가 호재가 장기적으로 없는 경우
> ☐ 젊은 층이 떠나는 동네 (일자리가 없음)
> ☐ 주변에 새 아파트가 너무 많이 생겨서 입주 물량이 넘치는 동네 (유입 입구는 부족)
> ☐ 노후화가 심각하지만 재건축, 재개발을 원주민이 원하지 않는 동네
> ☐ 활력이 없는 동네 (빈 상가, 유동인구 없음)

이런 동네의 특징은 매물을 올린 후 문의 전화나 손님은 오는데 정작 매매 계약 체결까지 진행되지 않는 경우가 많다. 이런 일이 반복된다면 내 집에 무언가 문제가 있다는 신호일 수 있다. 가장 먼저 책정한 금액이 문제라고 생각하겠지만 단순히 가격만 내린다고 해결되는 문제가 아닐 수 있다.

중요한 것은 내 집이 왜 안 팔리는지 정확한 이유를 파악하는 것이다.

> **내집마련 첫걸음**
>
> 내 집에 관심을 보이는 사람은 많은데 매수하려는 사람이 없다면 그것만으로도 이미 중요한 신호다. 이런 신호를 무시하고 마냥 기다리기보다는 현실을 인정하고 다른 지역으로 갈아탈 수 있는 적절한 대응을 해야 한다.

내집마련 첫걸음 055

내야 할 세금이 많아서
집을 못 팔겠어요

양도세, 그래도 남으니까 내는 것

부동산 고민을 듣다가 의아했던 적이 있다.

5년 전에 1억 8천만원에 산 집이 지금 4억원까지 올랐다고 했다. 그런데 표정이 밝지 않았다. 팔고 싶은데 양도세가 너무 많이 나와서 차라리 안 파는 게 나을 것 같다는 고민이다. (다주택자 중과)

1억 8천만원이 4억원이 된 거면 대략 2억원을 번 거 아닌가? 그런데 왜 팔기를 망설이는 걸까? 설명을 들어보니 양도세로 대략 6천만원 정도 나온다고 한다. 그 세금이 아까워서 팔기 싫다는 것이었다.

많은 사람들이 부동산 세금에 대해 잘못 이해하고 있다는 것을 알았다.

양도세 = (매도가 - 매수가 - 필요경비) × 세율

수익이 없으면 양도세도 없다. 손해 보고 파는데 세금을 낼 일은 없다는 뜻이다. 즉, 양도세는 조금이라도 수익이 났다는 증거다.

사고팔고 해야 돈이 된다는 건 부동산의 기본 원리다.

그런데 집을 팔면 세금을 많이 내니까 팔기 아깝다고 하는 사람들이 있다. 이게 정말 모순이다. 집을 저렴하게 사서 살 때보다 오른 가격으로 파는 경우 돈을 벌었으니까 세금을 내라는 건데, 세금을 내면 돈을 안 번 것처럼 느껴진다고 한다.

물론 양도세를 줄일 수 있는 방법도 있다. 1세대 1주택 비과세 활용, 장기보유특별공제, 거주 요건을 맞춰 세금을 줄이면 된다. 이런 절세 방법들을 활용하면 부담을 줄일 수 있다.

세금을 내는 건 그만큼 잘했다는 뜻이다. 양도세, 남으니까 내는 거다. 남는 게 없으면 낼 세금도 없다. 세금이 아까우면 투자를 안 하면 된다. 세금을 무서워하지 말고 세금을 낼 수 있을 만큼 수익을 내는 사람이 되면 된다.

 내집마련 첫걸음

양도세를 대하는 마인드에 대해 살펴봤다. 자세한 세금 상담은 꼭 양도세 업무를 많이 진행했던 세무사님과 결정해야 한다.

당장 집을 안 팔더라도 '팔릴 준비'를 해야 하는 이유

마라톤처럼 매일 트레이닝 해야 완주 가능

"항상 집이 팔릴 준비를 해야 한다."

사람들이 이 말을 처음 들으면 '살고 있는 집을 판다'고 생각하며 불안한 마음으로 살라는 뜻으로 오해한다. 전혀 그런 의미가 아니다.

예를 들어, 가족 사정, 직장 이동, 건강 등 다양한 이유로 갑작스럽게 집을 팔아야 하는 상황이 생겼다. 이때 평소 준비 없이 부동산 시장에 뛰어든다면? 시세도 모르고, 어느 부동산 공인중개소에 팔아야 할지도 모르고, 내 집의 장단점도 정확히 파악하지 못한 채 급하게 매도해야 한다.

그러면 결과는 뻔하다. 시세보다 훨씬 낮은 가격에 급매로 팔거나 그 상황을 이용하는 중개사를 만나 불리한 조건으로 계약하게 될 것이다.

그러니 우리는 날씨를 확인하듯 평상시 내 집의 상태와 시세를 파악해야 한다. 언제든 적정한 가격으로 팔 수 있도록 준비되어 있어야 한다는 뜻이다. 이것은 불안감이 아니라 합리적인 자산 관리의 기본이다.

실제로 집을 팔려고 내놓으면 사람들의 공통된 반응이 있다. 갑자기 내 집이 세상에서 가장 사랑스러워 보인다. 그래서 우물쭈물하다가 최적의 매도 타이밍을 놓치게 된다. 매수자가 나타났을 때도 '정말 팔아야 하나?' 한 번 망설이는 순간 그 매수자는 다른 집을 계약한다.

집은 자산이고, 더 좋은 집으로 갈아타는 과정일 뿐이라는 마음가짐을 가져야 한다. 집을 팔 때 가장 큰 장애물은 '애착'이다. '이 집을 팔면 이만한 집은 다시 못 구하겠지' 하는 생각이 발목을 잡는다. 하지만 정확한 시세로 좋은 수익을 냈다면 그 수익으로 더 좋은 집이 기다리고 있다는 사실을 기억해야 한다.

부동산은 마라톤과 같다. 대회 당일에만 뛰는 사람은 절대 완주할 수 없다. 매일 조금씩 훈련해야 본 대회에서 완주의 메달을 목에 걸 수 있다. 평소에 내 집의 가치를 체크하고 필요한 정보를 미리 공부하는 사람이 최고의 부동산 수익을 얻는다.

최적의 타이밍,
현명한 매도의 기술

훌륭한 매수도 중요하지만 그만큼 중요한 게 매도의 기술이다. 사람들은 언제 사느냐에만 집중하지만, 언제 어떤 가격에 파느냐가 실제 수익을 결정한다.

현명한 매도를 위해 매도 시기를 미리 정해둬야 한다.

"아, 제가 급해서 팔아요!"

이런 말을 하는 매도는 최악이다. 이건 마치 "저 좀 호구로 봐주세요!"라고 말하는 것과 같다. 부동산 중개사의 성품이 나쁜 게 아니라 판매자인 나의 약점을 드러내는 말이다. 집을 구매할 때부터 어느 정도 시기를 예측해서 매도 시점을 정해두는 게 좋다.

단기 시세차익을 노리고 샀는데 1년 후 가격이 크게 오를 조짐이 보인다면 생각이 바뀔 수 있다.

'조금만 더 기다리면 또 오르겠지.'

그런데 갑자기 정부 규제가 발표되면 팔 수 있는 기회를 놓치게 된다. 이런 혼란을 줄이기 위해서라도 매도 계획은 미리 생각해야 한다. 2~3년 보유 후 매도 또는 자녀의 대학 입학 시점까지 보유 등 나에게 맞는 기준을 정해둬야 한다.

매도자들은 자신의 부동산 가치를 객관적으로 보지 못한다.

내 집은 특별하다는 생각에 시장 가치보다 높게 평가하는 경향이 있다. 그러나 부동산 시장은 냉정하다. 전국의 부동산이 모두 나와 경쟁하기 때문이다.

미리 준비된 사람은 팔 생각이 전혀 없더라도 주기적으로 경쟁 물건을 미리 파악한다. 본인의 집과 비슷한 평수, 비슷한 컨디션의 매물은 얼마에 나와 있는지, 거래된 내역이 있는지 확인하는 게 좋다. 그러면 내 물건의 가치를 객관적으로 판단할 수 있다.

더불어 경쟁 물건의 변화까지 확인하면 좋다. 실제 있는 물건인지, 거래는 언제 완료되었는지, 가격 조정이 됐는지 등을 체크한다. 나와 비슷한 물건이 많아진다면 이유를 파악하고 매도 시점을 조정할 필요가 있다.

"장마철인데 집이 팔릴까요?"

매도의 계절성은 옛말이다. 이제는 사라졌다.
과거에는 봄, 가을이 이사철이라 매매가 활발했다. 하지만 이제는 계절성보다 지역 경제 상황, 정책 변화, 금리 등이 더 중요한 변수다.
예를 들어, 송파구의 부동산을 거래한다면 계절보다는 강남 3구의 경제 상황, 인근 큰 회사의 채용 계획, 개발 계획, 정부 정책, 정부 규제 등을 더 주시해야 한다. 그 지역만의 특성을 파악하고 그에 맞는 판단을 내려야 한다.

 내집마련 첫걸음

2025년 2월 12일, 토지거래허가구역을 일시적으로 해제시킨 후 일어났던 송파구의 부동산 혼돈을 기억하길 바란다.
(서울시는 잠실동, 삼성동, 대치동, 청담동 아파트 305곳 중 291곳을 해제했으며, 재건축 추진이 가능한 14개 단지를 제외하였다.)

내집마련 첫걸음 057

내 집의 가격을
정확히 파악하는 법

절대 집과 사랑에 빠지지 말 것

내 집 사랑은 독이다. 내 집과 사랑에 빠지면 가격을 객관적으로 못 본다. 내 집이 좋으니 시세가 5억 원인데도 6억 원으로 내놓고 '왜 안 나가지?'라고 생각한다. 실마 하겠지만 의외로 이런 사람들이 많다.

문제는 내 것만 예뻐 보인다는 것이다. 10년 동안 정성스럽게 가꾼 인테리어, 추억이 담긴 공간들이 시장에서는 아무 의미가 없다. 팔 때도 살 때도 객관적으로 봐야 한다. 감정이 개입되면 큰 손해를 볼 수 있다.

내 집을 정확히 파악하기 위해서는 모든 감정을 빼고 봐야 한다. 마치 남의 집을 평가하듯이 해야 시장에서 인정받는 진짜 가격을 알 수 있다.

아파트라면 정확한 포지션을 확인해야 한다. 우선 동과 호실이 로열인지 파악한다. 같은 아파트라도 동별 호실별로 가격 차이가 크다. 조망이 좋은 곳, 소음이 적은 곳, 일조량이 많은 곳이 당연히 비싸다.

로열이 아니라면 어느 정도 급인지 정확히 파악한다. 1등급부터 3등급까지 나누어 생각한다. 내 집이 2등급이라면 1등급 집과 비교해서 얼마나 가격 차이가 나는지 확인해야 한다. 내가 5,000만원 들여서 한 인테리어가 시장에서는 1,000만원 가치일 수도 있다. 개인 취향이 강하게 반영된 인테리어는 오히려 마이너스 요소가 될 수 있다. (지역의 수준에 맞는 인테리어가 최상)

객관적으로 가격을 산정하려면 비슷한 매물(아파트라면 같은 아파트 같은 평수, 옆 단지까지)의 최근 3개월 실거래가를 본다. 그리고 한두 건의 물건으로는 판단이 어려우니 여러 건을 확인한다. 만약 거래 가격이 들쭉날쭉하다면 이유를 파악해본다. (가족 간의 거래일 수 있다. 그럴 때는 실거래가가 아닌 공시지가 반영 거래를 확인한다.)

또한, 내 집의 플러스 요소와 마이너스 요소를 평가해보면 좋다. 주차가 2대 가능, 남향, 사생활 침해가 없는 저층, 학군 좋음 등은 시세보다 높게 받을 수 있는 요소들이다.

하지만 이런 요소들이 얼마나 프리미엄을 받을 수 있는지는 시장 상황에 따라 다르다. 과대평가하지 말고 현실적으로 접근해야 한다.

시장 상황도 고려한다. 파는 시점에서 사는 사람이 유리한 시장인지 파는 사람이 유리한 시장인지 파악해야 한다. 매수자 우위 시장에서는 아무리 좋은 집이라도 시세 이하로 깎으려는 게 매수자의 심리다. 그리고 해당 지역의 거래량이 많은지 매물이 많이 나와 있는지도 확인이 필요하다.

내가 이 집을 투자 목적으로 산다면 비용을 얼마까지 지불할 것인지 투자자 관점으로 보는 것도 좋은 방법이다. 감정을 배제하고 순수하게 수익률만 계산해보면 객관적 가격이 나온다.

 내집마련 첫걸음

내 집 가격을 정확히 파악하는 것은 성공적인 매도의 첫걸음이다. 감정을 배제하고 부동산 시장 기준으로 냉정하게 평가해야 한다. 내 집이 특별하다고 생각하는 순간 부동산 시장과 괴리가 생긴다.

"미운 오리 새끼를
백조로
만드는 법"

#관리

5장

내 집의 컨디션을 200% 올려서 관리하는 기술

내집마련 첫걸음 058

집을 잘 관리하는 것 역시
'부동산 감각'이다

경험에서 나오는 판단력

첫 집을 샀을 때 벌어진 일이다. 벽에 머리카락 정도의 작은 균열이 보였다. 너무 놀라 동네 인테리어 업체에 문의하고 인터넷 검색도 해봤다. 지금 생각하면 웃음이 나오지만 그 당시에는 정말 심각했다. 그런 균열이 집에 미치는 영향은 없었다. 첫 집이라서 마냥 소중하기만 했던 경험이다.

그런데, 반대로 정말 중요한 문제는 놓쳤다. 보일러에서 이상한 소리가 계속 들렸는데 '원래 그런가 보다' 하고 넘어간 것이다. 결국 작은 부품 교체로 해결될 문제가 보일러 전체를 바꿔야 하는 대형 사고로 번졌다. 교체 비용만 100만원이 나왔다.

부동산은 사는 것도 중요하지만, 잘 유지하는 것이 중요하고 많은 지식과 기술이 필요하다는 것을 알게 되었다. 그렇게 여러 채의 집을 경험하고 다양한 상황을 겪다 보니 점점 보유의 기술이 생겼다.

남들은 그냥 넘어갈 것 같은 '베란다 천장의 미세한 자국'만 봐도 누수인 걸 찾거나 누수 문제가 생기겠다는 걸 미리 예상한다. 경험치가 쌓이면서 지금 당장 수리를 해야 할지 아직 좀 더 있어도 되는지 느껴진다. 마치 의사가 환자를 판단하는 것처럼 말이다.

이런 감각은 집 관리뿐만 아니라 새로운 집을 볼 때도 도움이 된다. 5분만 둘러보면 이 집의 진짜 상태를 파악할 수 있다.

천장 모서리의 얼룩을 보고 누수가 있던 것과 앞으로 다시 생길 가능성이 높다는 걸 안다. 화장실 타일 사이를 보고 습기 관리가 안 되는 구조인 걸 파악하며, 보일러실의 자국을 보고 설비 교체를 해야 하는 걸 예상한다. 이런 것들은 매매가나 전세가 협상에서 강력한 무기가 된다.

다주택자가 되면 이런 감각은 더 중요해진다.

임대 수익을 극대화하려면 최소 비용으로 최대 효과를 내야 한다. 어떤 수리는 당장 해야 하고, 어떤 수리는 나중에 해도 되는지 판단하는 능력이 수익을 좌우한다.

예를 들어, 벽지가 일부 뜯어진 것은 당장 고치지 않아도 되지만 싱크대 배관에서 물이 새는 것은 즉시 수리해야 한다. 전자는 미관상의 문제일 뿐이지만 후자는 방치하면 바닥재까지 교체해야 하는 대형 공사로 번질 수 있기 때문이다.

또한, 세입자와의 관계에도 도움이 된다. 세입자가 집에 어떤 문제가 있다고 연락하면 전화상으로도 어느 정도 원인을 파악할 수 있다. 정말 긴급한 상황인지 아니면 간단한 조치로 해결 가능한지 판단해서 적절히 대응할 수 있다.

이런 감각은 하루아침에 생기지 않는다.

수많은 시행착오와 경험을 통해서만 얻을 수 있다. 돈을 주고도 살 수 없는 귀중한 자산이다. 부동산 투자라고 하면 대부분 사고파는 것만 생각한다. 하지만 진짜 부동산 고수들은 안다.

집을 잘 유지하고 관리하는 것도 투자에 직접적인 영향을 미친다는 것을.

 내집마련 첫걸음

관리 팁

- 보일러에서 똑똑 몇 방울이 떨어지면 작은 물방울이 아래층 집에 누수 피해를 줄 수 있음. (밸브 잠그고 업체에 연락함.)
- 화장실 변기 주변에 물이 고이면 변기와 바닥 연결 부분 점검.
- 싱크대 아래에 냄새가 나면 배수관 연결 부분 확인. (고무 패킹 교체만으로도 해결되는 경우가 많음.)
- 하자 수리 비용이 공용 공간에 해당하는지 체크. (개인 비용으로 처리해야 하는지 체크.)

내집마련 첫걸음 059

오래 보유할수록
집의 가치가 상승할까?

보유할수록 상승하는 집, 반대로 하락하는 집

갖고만 있어도 상승하는 부동산이 우리나라에 있을까?

상승할 이유가 있어야 상승한다. 주식도 코인도 오를 이유가 있어서 오르는 것처럼 부동산도 그렇다.

그런데도 사람들은 여전히 '시간이 지나면 집의 가치가 오른다'고 생각한다. 이건 과거의 경험에서 나온 생각일 뿐이다. 옛날에는 전체적으로 경제가 빠르게 성장하고 인구도 늘어나면서 도시화 진행에 따라 모든 부동산의 가격이 상승했다. 하지만 지금은 달라졌다.

어떤 집은 계속 상승하지만 어떤 집은 몇 년을 갖고 있어도 제자리걸음이거나 심지어 마이너스 가격이 되기도 한다. 그래서 우리는 하나를 살 때 오를 집만 골라서 사야 한다.

내가 가진 전 재산으로 사야 하니 똘똘한 한 채를 산다고들 한다. 이것도 다시 생각해봐야 할 전략이다. 지금 똘똘해봤자 시간이 지나면 낡아진다. 10년 전에 똘똘했던 신축이 지금은 그냥 10년 된 아파트일 수 있다.

생각을 바꿔서 지금은 낡은 구축이지만 개발되어서 똘똘해질 집을 찾는 게 좋다. 마치 애벌레가 나비가 되는 것처럼 지금은 허름해도 미래에 훨씬 좋아질 가능성이 있는 집을 찾는 것이다. 그런 집들은 시간이 지남에 따라 가치가 상승한다.

오래 보유할수록 가치가 상승하는 집은 특징이 있다. 개발 계획이 있거나 지하철 연장, 대형 상업시설 건설, 도로 확장, 일자리 생성 등의 계획이 있으면 시간이 지날수록 그 효과가 나타나면서 집값이 오른다. 또한, 지금은 낡았지만 앞으로 새로 지어질 가능성이 있다면 그 기대감만으로도 가치가 서서히 상승한다.

반대로 오래 보유해도 가치가 하락하는 집도 있다. 지역 자체가 쇠퇴하거나 인구가 빠져나가면 가치가 오르기 어렵다. 지역 문제가 아니라 집의 치명적인 단점이 있어도 어렵다. 나의 유일한 부동산인 내 집 근처에 정부의 개발 계획에 의해 혐오시설이 들어온다면 생각만 해도 끔찍하다. 가격이 오르지 않을 뿐더러 나도 살기 싫은 집이 되어버린다.

중요한 것은 시간이 아니라 이유다.

10년을 보유해도 변화가 없다면 집의 가치는 오르지 않는다. 반면에 2~3년만 보유해도 큰 변화가 있다면 집의 가치는 크게 오를 수 있다.

집은 단순히 오래 가지고만 있다고 가치가 오르는 게 아니다. 시간이 지남에 따라 좋아질 이유가 있는 집을 선택해야 한다. 미래에 더 큰 가능성을 가진 집을 찾는 안목이 진정한 핵심이다. 애벌레 같은 집을 사서 나비로 키우는 재미를 함께 찾아보자.

내집마련 첫걸음 060

이 정도 하자는 그냥 살아도 괜찮을까?

무심코 넘긴 작은 하자 때문에 발생하는 지출

집에는 다양한 하자가 생긴다. 오래전에 지어졌다고 자주 발생하거나 신축이라고 전혀 발생하지 않는 것이 아니다.

하자가 발생하는 경우는 크게 4가지다.

① 지어진 지 오래되어 내부, 배관 등이 부식해 교체해야 할 경우

② 허술한 건축방식으로 지어진 경우

③ 내부 인테리어 공사 후 문제가 발생했을 경우

④ 거주하는 사람의 안이한 생활 습관

하자는 조금씩 티가 나기 시작할 때 바로잡는 것이 중요하다. 우리는 건강에 조금이라도 이상이 생기면 바로 약을 먹거나 병원에 가서 진료를

받는다. 하자도 마찬가지로 집의 건강에 문제가 생겼다고 생각해야 한다. 제때 치료해주지 않으면 더 큰 병으로 확산된다.

하자의 대표적인 예는 '누수'다. 발생률이 높고 누수가 생길 경우 윗집과 아랫집이 함께 해결해야 하는 문제이므로 시간과 비용이 많이 소모된다.

누수는 정체 모를 외부의 물이 흘러 내부로 들어오려는 하자이기 때문에 천장 벽지에서 주로 보인다. 시간이 지날수록 천장에서 벽 아래까지 흘러 벽면 전체를 덮는다. 공동배관에 문제가 생겨 누수가 발생했을 경우에는 한 건물에 거주하는 모든 세대원에게 책임이 있지만, 공용부분의 문제가 아닐 경우에는 주로 윗집과 해결해야 한다. 윗집이 누수 문제의 원인이 맞다면 윗집은 아랫집의 누수를 해결해줄 책임이 있다.

이걸 진행하는 과정은 정신적으로 굉장한 스트레스다. 아파트와 같은 공동이 모여 사는 주택 형태에서는 관리비를 내는 목록에서 상해보험을 따져볼 필요가 있다. 공용배관의 문제였다면 관리실에서 고쳐주는 것이 당연하지만, 거주자가 입을 손해까지 보험에서 해결해준다는 안내는 따로 하지 않는다. 아는 만큼 딱 그만큼 내 몫을 챙길 수 있다.

조금씩 드러나는 하자의 표시를 빠른 시일 내에 알아차리기 위해서는 평상시 내 집의 상태를 알아야 한다. 내 집에 관심이 없는 사람은 작은 하자가 큰 하자로 번질 때까지 알아차리지 못할 확률이 높다.

'나는 임차인이니까 계약기간까지만 참고 살다가 이사 가야지.'

이렇게 생각하는 임차인이 있을 수 있다.

또는, 내가 사는 집이 아니니 모르는 척하는 임대인이 있을 수도 있다. 임차인이든 임대인이든 상황이 어떻든 어차피 써야 할 치료비인데 아까워하지 말고 '이참에 하자를 배울 수 있는 수업료구나'라는 마인드를 가져보자.

 내집마련 첫걸음

집은 사는 것도 중요하지만 사고 나서 잘 관리하는 것도 중요하다. 작은 문제점이 보일 때 올바른 방법으로 바로 해결하는 습관을 가져야 한다.

풍수, 믿거나 말거나의 영역일까?

집을 꾸밀 때 풍수까지 고민하는 사람은 많지 않다.

과학적 근거도 없고 미신 같기도 하지만, 한편으로는 옛날부터 내려온 어른들의 지혜라는 생각으로 접근해봐도 좋다. 특히 부동산을 다루는 사람들 중에는 풍수를 신경 쓰는 이들이 많다.

내 집에 맞는 풍수를 살펴보고 어떻게 신경 쓰고 바꿔주면 좋을지 고민해보자.

① 현관부터 시작되는 기운의 흐름

풍수에서 가장 중요하게 보는 곳이 현관이다. 현관에 들어섰는데 화장실과 마주보고 있다면, 현관을 대각선으로 틀어서 변경하거나 현관 방향을 옆으로 바꿔서 중문을 만드는 것이 좋다.

풍수에서는 현관문을 열자마자 화장실이 보이면 들어오는 좋은 기운이 빠져나가서, 재물운이 나빠지고 가족 불화가 생긴다고 한다.

그리고 현관에서 화장실이 바로 보이는 집은 손님들이 왔을 때도 신경 쓰인다. 현관문을 열 때마다 화장실이 보이니 풍수를 떠나서 프라이버시와 미관상 개선이 필요하다.

현관에서 집 안이 한눈에 다 보이는 구조도 좋지 않다고 한다. 밖에서 들어온 기운이 너무 빨리 빠져나가서 집 안에 머물지 못한다. 이럴 땐 현관에 가벽을 설치해서 시선을 차단시키고 기운이 천천히 돌 수 있게 만들면 된다. 집안이 더 아늑하고 안정감 있게 느껴진다. 추가로 소음 차단까지 된다.

② 거실과 주방의 관계

거실과 주방이 분리되지 않으면 돈이 모이지 않는다는 풍수 이론이 있다. 음식을 만드는 주방은 재물을 만드는 곳인데, 사람이 모이는 곳과 구분되지 않으면 재물이 흩어진다고 한다. 주방과 거실 사이에 아일랜드 식탁이나 바 테이블을 두어 적당히 분리하는 것이 좋다.

이것은 실용적인 측면에서도 좋다. 주방에서 나는 냄새나 소음이 거실까지 바로 전달되는 것보다 적당히 분리되어야 각 공간의 기능을 명확히 하고 생활 편의성을 높일 수 있다.

③ 공간 분리와 동선

방과 방 사이의 문이 일직선으로 연결되어 있으면 기운이 너무 빨리 흘러간다고 한다. 특히 현관에서 베란다까지 일직선으로 뚫려 있으면 좋은 기운이 바로 빠져나간다. 이런 경우 중간에 가벽이나 파티션을 설치해서 동선을 살짝 우회하도록 만드는 방법이 있다.

이런 풍수 이론들은 과학적으로 증명할 수 없지만 심리적 안정감과 생활 편의성에 영향을 준다. 풍수와 상관없이 구조를 개선하면 실제 생활할 때 만족도가 올라간다.

 내집마련 첫걸음

풍수를 맹신할 필요는 없지만 완전히 무시할 것도 아니다. 내 집의 구조와 생활 패턴을 고려해서 불편함을 개선해보자. 나쁜 것은 미리 막고 좋은 기운을 많게 하면 결국 우리가 행복해진다.

내집마련 첫걸음 062

돈을 썼으면 티 나게 고쳐
집의 효율 높이기

미운 오리 새끼를 백조로 만드는 법

낡은 집을 온전한 새 집으로 만들기 위해서는 리모델링 공사가 필요하다. 좋은 자재를 사용하거나 전체를 리모델링할 경우에 많은 비용이 발생하므로 정해진 예산 안에서 꼭 필요한 공사만 선택할 줄 알아야 한다. 돈을 썼지만 티는 안 나고 오히려 공사하기 전보다 못한 결과가 나오는 것이 세상에서 가장 마음 아픈 일이다.

예산이 부족해서 낡은 집을 선택했다면 꼭 리모델링을 권한다. 제대로 알고 집의 효율을 올려준다면 삶의 만족도가 더 높아질 것이다.

① 세면대 배관 형태 체크

세면대 배관은 '바닥 배관'과 '벽 배관' 두 가지 형태로 나눌 수 있다. 지어진 지 오래된 구축 주택에서는 '바닥 배관'을 자주 볼 수 있다. 세면대부터 바닥까지 이어주는 배관 전체가 드러난 모습은 보기 좋지 않고 깨끗하게 관리하기 어렵다. 인테리어를 다시 할 때 설비작업을 통해 벽 배관으로 바꾸는 것이 좋다.

② 전기 배선 체크

전기 배선은 사람의 혈관과 같은 역할을 한다. 혈관 상태가 좋지 않다면 아무리 좋은 약과 음식을 먹어도 탈이 난다. 또한, 화재 위험이 있다. 많은 전기를 사용하는 인덕션, 에어컨 등의 가전제품을 사용할 때는 배선을 따로 빼주는 '단독 배선' 작업을 추천한다.

'나의 소중한 첫 집. 최대한 예쁘게 치장해주고 싶다.'

이 문장은 생각이 필요하다. 리모델링 또는 실내 인테리어를 할 때 치료보다 치장에 초점을 맞춘다면 리모델링 비용이 몇 년 만에 헛돈이 될 수 있다.

 내집마련 첫걸음

조그마한 얼굴 화장법도 수시로 바뀐다. 우리 집 실내 화장법이라 할 수 있는 인테리어 역시 유행이 있다. 우리는 가성비 있게 낡은 집을 수리하는 것에 초점을 맞춘다. 여기에 더해서 불편한 점을 개선한다.

내집마련 첫걸음 063

살 곳을 넘어
수익을 내는 자산으로

수익형 부동산으로 품나게 운영하는 법

  내 집을 마련할 때 고려해야 할 것은 단순히 '살 곳'을 넘어 '수익을 내는 자산'으로서의 가치를 더하는 것이다. 상가는 월세 수익에 따라 가격이 달라지듯 주택도 수익성에 따라 가치가 달라진다. 이 점을 제대로 이해하면 내 첫 집을 통해 미래 자산을 키울 수 있다.

  내 집을 활용해 에어비앤비로 운영한다면 입지를 최우선으로 선택해야 한다. '관광객'을 타깃으로 하기 때문에 그들의 목적과 동선을 고려해야 한다. 관광객과 비즈니스 방문객은 완전히 다른 니즈를 갖고 있다.

  관광객을 타깃으로 한다면 관광지와 거리가 먼 곳은 피한다. (예를 들어, 근로를 위해 외국인들이 머물고 있는 부천) 대신 합정, 연남, 성수와 같은 핫플레이스에 인접한 지역을 선택한다.

이때 꼭 핫플레이스 중심지일 필요는 없다. 홍대에 비해 상대적으로 집값이 저렴한 신촌은 홍대로 가는 관광객들에게 좋은 숙소 위치가 될 수 있다. 핵심은 메인 관광지와 1~2개 역을 지난 거리에 있고, 핫플레이스보다 저렴한 가격에 비해 접근성은 좋은 위치를 찾는 것이다.

월 임대료를 받는 월세 수익을 목표로 한다면 젊은 직장인이 많이 거주하는 지역을 보면 된다. 마곡, 가산디지털단지 같은 업무지구 주변은 직장인 수요가 많다. 그런데 초기에는 원룸이나 오피스텔에 살던 1인 가구가 소음, 치안 등의 문제로 점차 투룸 이상의 공간을 찾는다. 이런 점은 주의해야 한다.

최근 몇 년간 빌라 공급이 중단되며 신축 빌라 수가 확연히 줄었다. 전세 사기 문제도 빌라 공급 감소에 영향을 미쳤다. 공급은 제한적인데 수요는 꾸준해서 투룸 이상 빌라의 가치가 상승할 수밖에 없는 구조다. 부모 세대는 빌라 구매를 만류할 수 있지만, 2030대라면 수익성 높은 빌라를 가지고 있어도 충분히 수익이 난다.

과거 유행했던 '갭투자'는 전세가가 집값과 비슷해져 적은 자기자본으로 집을 구매하는 방식이다. 하지만 현재 서울의 일반 국민 평형 아파트 가격이 10억원을 넘어서면서 상황이 달라졌다.

예를 들어, 10억원 집에 전세 70%(7억원)를 받으면 내 돈은 3억원만 들어간다. 그러나 임대차 3법 시행 이후 임차인의 권리가 강해지면서 리스크도 커졌다. 계약 만료 시 현 임차인이 집 방문을 허용하지 않는 등 비협조적이라면, 새 임차인을 구하지 못해 보증금 반환에 어려움을 겪을 수 있다. 이런 상황에서는 전세 임차금을 돌려주지 못해 전세 사기범과 같은 취급을 받을 수도 있다.

따라서 첫 집을 구매할 때 나오는 정부지원 대출을 최대한 활용하고, 대출이 있는 집에 보증금은 적게 받고 월세 비중을 높이는 전략이 효과적이다. 대출 상환이 진행되어 재정 상황이 개선되면 점차 보증금 비중을 높여 반전세까지 수익성 방향을 조정할 수 있다.

 내집마련 첫걸음

첫 집을 마련할 때는 단순히 가격만 볼 것이 아니라 수익형 운영방식, 입지 특성, 자금구조 기준을 종합적으로 고려한다.

"인생의 청춘 같은
내집마련 하기
좋은 곳"

#임장

6장

손품과 발품으로 내게 딱 맞는 집 찾는 기술
_ 실전 임장 편

온라인에서 그 동네의 정보와 가치를 읽어내는 법

손품

임장을 나가기 전에 집에서 할 수 있는 '손품 조사'는
성공적인 부동산 투자의 첫걸음이다.
실제 발품 임장의 효율성을 크게 좌우하는
사전 작업이기도 하다.
여러 사례를 통해 체계적인 손품 조사 방법을 알아보자.

내집마련 첫걸음 064

합정역

투자자와 예술가 모두가 주목하는 곳

1단계 : 교통

합정역은 2호선과 6호선이 함께 운행하는 더블 역세권이나. 온라인 지하철 노선도에서 각 방면 소요 시간을 미리 계산해보자. 지하철뿐만 아니라 수도권 서부 지역(킨텍스, 일산, 고양 등)으로 환승할 수 있는 광역버스 정류장이 많아 이동 거점 역할을 한다는 것도 중요한 정보다.

네이버 지도나 카카오 맵에서 합정역 주변 버스 정류장을 클릭해보면 몇 십개의 버스 노선을 확인할 수 있다. 단순히 지하철만 보지 말고 버스 네트워크까지 파악하면 그 지역의 진짜 교통 편의성을 알 수 있다.

2단계 : 주택

합정동은 합정역을 기준으로 망원한강공원과 양화대교 쪽 반절만 합정동에 속한다. 반대편은 사실상 서교동 구역이다.

합정역 출구를 살펴보면 8, 9, 10번 출구 인근은 거주지역, 5, 6, 7번 출구 인근은 상업지역으로 구분된다. 구글 스트리트뷰나 네이버 로드뷰로 각 출구 주변을 미리 둘러보면 실제 임장 때 방향감각을 잃지 않는다.

| 합정역 주변 노후도 |

* 색깔이 진할수록 연식이 오래되었음.

출처 : 부동산플래닛

3단계 : 거주

합정동은 메세나폴리스, 마포한강푸르지오 같은 주상복합과 아파트도 있지만, 대부분 다세대 빌라로 이루어져 있다. 구축부터 신축까지 다양한데 재개발을 앞둔 오래된 구축 빌라가 많다. 이런 주택 유형별 노후도 비율을 미리 파악하면 투자 전략을 세우기 쉽다.

'마포한강아이파크' 같은 대표 단지들의 기본 정보를 미리 조사하는 것도 방법이다.

마포한강아이파크 (망원동)
- 385세대(총 6개동)
- 주차대수 472세대
- 사용승인일 : 2019년 8월 5일
- 건설사 : 에이치디씨현대산업개발(주)
- 용적률 249%
- 건폐율 24%
- 매매가 : 전용84기준 13억 후반~18억 중반(층, 동에 따라 상이)

일신건영휴먼빌 (합정동)
- 68세대(총 1개동)
- 주차대수 79대
- 사용승인일 : 2005년 8월 22일
- 건설사 : 일신건영(주)
- 용적률 240%

- 건폐율 27%
- 매매가 : 전용84기준 10억 5천~13억(층, 동에 따라 상이)

재개발 재건축 현황 알아보기 (25년 6월 기준)
- 합정7 재정비 촉진구역 재개발 사업시행인가
- 합정동 369일원 모아타운 3차 모아타운 대상지 선정
- 합정동 447일원 가로주택 건축심의

매매가 시세 알아보기 (25년 6월 기준)

투룸
- 다세대빌라 : 3억~4억 중후반대
- 개발 구역 포함일 경우 : 6억~8억

쓰리룸 (욕실 1개 기준)
- 다세대빌라 : 4억 후반~7억
- 개발 구역 포함일 경우 : 9억~12억

쓰리룸 (욕실 2개 기준)
- 다세대빌라 : 5억 후반~ 11억(신축 리모델링)

　합정동은 거주 후기 만족도가 높은 편인데 특히 젊은 연령층에게 만족도가 높다. 다양한 핫플과 맛집, 팝업 행사 등이 열리는 홍대, 망원 등이 인근에 있고 노을 맛집인 망원한강공원이 합정동 바로 앞에 있다. 상대적으로 물가가 저렴한 망원시장도 도보권에 있다. 많은 장점이 있고 수요가 높은 만큼 주택 매매 가격 형성대도 높은 편에 속한다.

내집마련 첫걸음 065

아현역

뉴타운 성공사례의 교과서

1단계 : 교통

2호선 아현역은 마포구 아현동과 서대문구 북아현동의 경계에 있다. 아현역 북쪽은 서대문구 북아현동, 남쪽은 마포구 아현동이다. 마포구는 용산과 영등포, 여의도를 이어주는 중요한 교통 허브 역할을 한다.

2호선은 원형 구조로 순환하는데 아현역과 강남역은 서로 반대편에 위치해 있다. 환승 없이 45분 내에 강남을 갈 수 있어 강남 접근성이 뛰어나다. 강남까지 가는 길에 마음이 바뀌면 중간에 시청, 을지로, 왕십리, 신당, 성수, 잠실, 삼성역 등 어디에 내려도 놀거리와 먹거리, 일자리가 가득하다.

역으로부터 500m 이내를 역세권이라 부르지만, 아현동은 대부분 아파트 대단지로 이루어져 있어 중간 위치에 있어도 아현역, 애오개역, 공덕역을 도보로 이용할 수 있기 때문에 '트리플 역세권'이라 부르기도 한다.

2단계 : 주택

아현역 인근은 일제 강점기 시절부터 가옥이 많은 달동네였다. 아현역 남쪽 구역은 아현뉴타운 개발로 대단지의 다양한 아파트촌이 생성되었다. 뉴타운 성공사례 중 대표적인 예로 뽑히며 뉴타운 단지의 가치를 입증했다. 그렇기 때문에 일자리는 거의 없는 주거촌이다.

┃ 아현 뉴타운 ┃

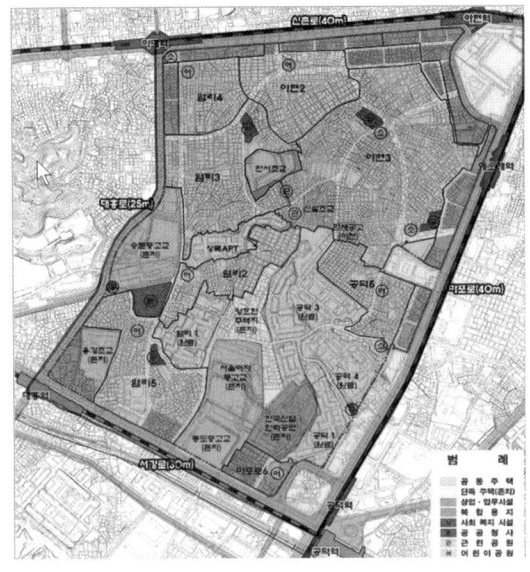

아파트에 대해 공부를 했다면 '마래푸'라는 단어를 들어봤을 수 있다. 이 '마래푸'가 아현뉴타운 단지 중 랜드마크라 꼽히는 '마포 래미안 푸르지오'를 말한다. 신축 대단지 일부는 내부 평탄화 작업에 신경을 많이 썼음에도 불구하고 지역 특성상 경사도가 높다.

매매가 시세 알아보기 (25년 6월 기준)

마포래미안푸르지오
- 3,885세대(기타임대 1세대 포함 총 51개동)
- 주차대수 4,580세대
- 사용승인일 : 2014년 9월
- 건설사 : ㈜대우건설, 삼성물산㈜
- 용적률 259%
- 건폐율 20%
- 매매가 : 전용84기준 20억~25억(층, 동에 따라 상이)

마포프레스티지자이
- 1,694세대(기타임대 5세대 포함 총 18개동)
- 주차대수 2,000세대
- 사용승인일 : 2021년 12월 30일
- 건설사 : 지에스건설㈜
- 용적률 251%
- 건폐율 19%
- 매매가 : 전용84기준 25~29억(층, 동에 따라 상이)

마포더클래시

- 1,419세대 (기타임대 141세대 포함 총 17개동)
- 주차대수 1,583세대
- 사용승인일 : 2022년 11월 29일
- 건설사 : 에이치디씨현대산업개발주식회사
- 용적률 249% / 건폐율 18%
- 매매가 : 전용84기준 22억~25억(층, 동에 따라 상이)

재개발 재건축 현황 알아보기 (25년 6월 기준)

- 북아현 4구역 도시정비형 재개발 정비구역지정
- 북아현2 재정비 촉진구역 재개발 조합원 분양신청
- 아현동 699일대 공공재개발2차 주민설명회

3단계 : 거주

대단지 아파트가 많은 동네는 학군을 무시할 수 없다. 하지만 대단지를 가진 아현동의 학군은 아쉬운 편이다. 고등학교는 아현동 내에 아예 없으며, 아현중학교는 마포구에서 학업성취도가 낮은 하위권에 속한다. 그러므로 동네에 학원가 또한 형성되어 있지 않다. 아현동 학생들은 인근 염리동 또는 대흥동 학원가를 활용해야 한다. 대흥동 학원가는 최근 '미니 대치동'이라고 불릴 만큼 선호도가 높으며 활성화되고 있다.

아현동의 상권 수준은 떨어지는 편이다. 아현역 인근 아현시장 상권을 제외하면 대흥역과 공덕역 인근 상권을 이용해야 한다.

아현동 학군

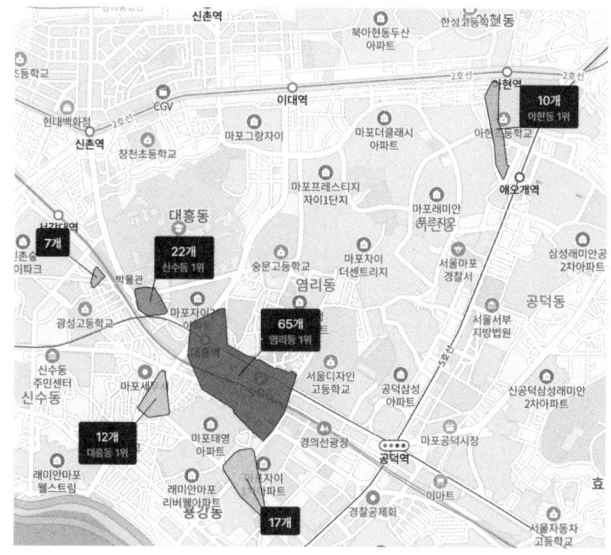

출처 : 호갱노노

아현동 상권

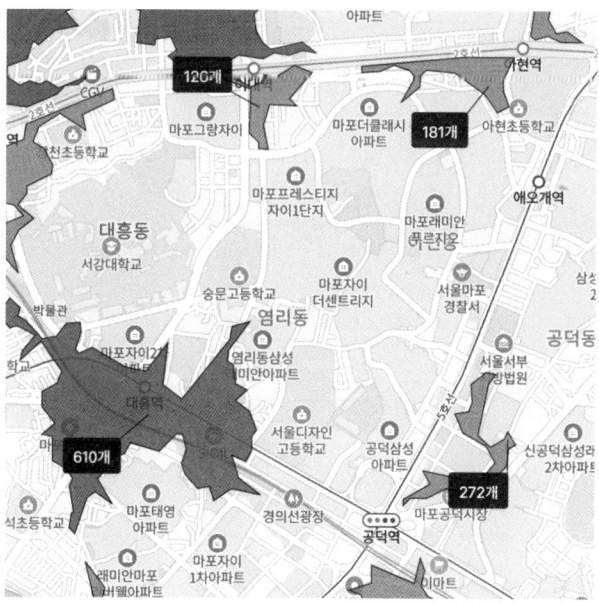

출처 : 호갱노노

내집마련 첫걸음 066

마곡역

강서의 끝자락에서 시작된 서울의 미래

1단계 : 교통

마곡역에는 지하철 5호선이 지나간다. 서울 서부 지역과 도심을 연결하는 중요한 교통 거점 역할을 하고 있으며, 강서구와 양천구 일대에서 도심으로 출퇴근하는 직장인들이 많이 이용한다.

2단계 : 주택

마곡은 현재와 같이 일자리와 주택이 들어서기 전에는 논밭과 농가 몇 채만 있는 넓은 벌판이었다. 한강 근처의 평평한 땅에 벼와 각종 농작물을 기르는 농촌 지역의 모습 그대로였다. 고층 건물이라고는 찾아볼 수 없었고 드넓은 하늘과 지평선이 펼쳐진 전형적인 농업 지대였다.

이렇게 오로지 땅만 있던 동네였기 때문에 예전부터 마곡을 지켜본 사람들은 지금처럼 수만 명의 사람들이 거주하며 일하는 신도시로 변모할 것이라고 전혀 예상하지 못했다고 한다. 불과 10여 년 만에 일어난 급격한 변화에 많은 이들이 놀라움을 표하고 있다.

매매가 시세 알아보기 (25년 6월 기준)

마곡엠벨리14단지
- 1,270세대(국민임대 274세대, 장기전세 617세대 포함, 총 13개동)
- 주차대수 1,449세대
- 사용승인일 : 2014년 5월 29일
- 건설사 : ㈜한화건설 외1
- 용적률 206% / 건폐율 27%
- 매매가 : 전용84기준 15억~17억(층, 동에 따라 상이)

마곡13단지힐스테이트마스터
- 1,194세대(총 22개동)
- 주차대수 1,694세대
- 사용승인일 : 2017년 4월 10일
- 건설사 : 현대엔지니어링㈜
- 용적률 219% / 건폐율 24%
- 매매가 : 전용84기준 13억 5천~18억(층, 동에 따라 상이)

마곡엠벨리7단지

- 1,004세대(국민임대 81세대, 장기전세 257세대 포함, 총 13개동)
- 주차대수 1,643세대
- 사용승인일 : 2014년 6월 12일
- 건설사 : 금호산업㈜외 1
- 용적률 238% / 건폐율 28%
- 매매가 : 전용84기준 17억~20억(층, 동에 따라 상이)

3단계 : 거주

　마곡 업무 지구는 강남, 광화문, 여의도에 이어 서울에서 4번째 대규모 업무 지구(+MICE 복합단지, 강서구청 이전 등)가 될 예정이다. 직장이 많은 만큼 엠벨리 등 대단지의 아파트가 마곡역 인근에 자리 잡고 있다.

　엠벨리 11, 12, 14단지 옆에 있는 마곡하늬공원은 시설이 좋고 학교와 붙어 있어 학생과 학부모, 주민들의 활용도가 높다. 더불어 연령층과 상관없이 선호도가 높은 서울식물원도 있다. 공원, 병원, 쇼핑, 문화 및 체육 시설, 공항 등 다양한 인프라를 누릴 수 있는 동네다.

　아파트 단지로 이루어진 동네인 점에 비해 다소 학군이 부족한 면이 있다. 학군과 상관없는 직장인, 어린아이를 키우는 부모라면 마곡동을 선호할 수 있다. 하지만, 학군을 중요시하는 부모라면 마곡동에서 거주하다가 추후에 이사를 고려하거나 학원가가 많이 형성되어 있고 학군이 좋은 우장산역 인근을 더 선호할 수 있다.

내집마련 첫걸음 067

우장산역

안정성과 미래 가치를 갖춘 강서 개발의 마지막 퍼즐

1단계 : 교통

우장산역의 수요가 높은 이유 중 하나는 일자리의 핵심인 지역과 연결되어 있다는 점이다. 광화문, 여의도, 마곡 등 직장인들에게 꾸준한 수요를 받고 있으며, 강남으로 가는 버스 노선이 잘 되어 있어 지하철뿐만 아니라 모든 교통수단이 원활한 편이다.

2단계 : 주택

우장산역 인근은 대단지 아파트가 밀집되어 있다. 특이한 점은 역 출구로부터 같은 거리ｍ에 위치한 집일지라도 한 골목을 두고 마주보는 집이 다른 동의 주소를 사용한다. 바로 옆집일지라도 '화곡동'과 '내발산동'이라는 두 개의 주소로 나뉠 수 있는 지역이다.

매매가 시세 알아보기 (25년 6월 기준)

우장산아이파크e편한세상
- 2,517세대(총 42개동)
- 주차대수 3,310세대
- 사용승인일 : 2008년 1월 8일
- 건설사 : 대림산업(주), 현대산업개발(주)
- 용적률 264%
- 건폐율 18%
- 매매가 : 전용84기준 11억8천만원~17억(층, 동에 따라 상이)

강서힐스테이트
- 2603세대(총 37개동)
- 주차대수 4418세대
- 사용승인일 : 2015년 8월 19일
- 건설사 : 현대건설(주)
- 용적률 259%
- 건폐율 22%
- 매매가 : 전용84기준 13억~17억(층, 동에 따라 상이)

투룸
- 다세대 빌라 : 2억~3억 중반대(반지하 제외)

쓰리룸 (욕실 1개 기준)
- 다세대 빌라 : 2억 후반대~ 3억 후반대

쓰리룸 (욕실 2개 기준)
- 다세대 빌라 : 2억 후반대~ 4억 후반대

재개발 재건축 현황 알아보기 (25년 6월 기준)
- 동원주택 가로주택 준공 및 청산
- 우장범진 가로주택 조합설립 인가

3단계 : 거주

우장산역 인근은 내발산동과 화곡동의 주소를 사용한다. 화곡동 주소를 사용하는 곳이 대부분 대단지의 아파트와 주택가로 이루어져 있다면, 내발산동의 주소를 사용하는 곳은 거주하는 사람들이 이용하는 인프라, 학군이 많이 자리 잡고 있다.

우장산역 4번 출구로 나가면 강서구에서 유명한 송화벽화시장이 나온다. 주로 시장이 활성화되고 있는 주변에는 프랜차이즈가 많지 않은데 이곳은 특이하게도 시장과 다양한 프랜차이즈 상권이 공존하고 있다. 이는 직장으로 출퇴근하는 직장인들과 학생들이 많은 동네라는 것을 보여준다.

　해당 동네에서는 '학군'을 빼놓을 수 없다. 유명한 덕원예고, 명덕외고, 명덕여중 등 도보권으로 가능한 학교만 10곳이 넘는다. 학군과 상권이 받쳐주고 있는 만큼 아이의 학교 진학을 위해 가족이 함께 이사를 오는 동네로 자리매김하고 있다.

내집마련 첫걸음 068

서대문역

서울 한가운데 숨겨진 투자자의 블루칩

1단계 : 교통

서울 중심부에 위치하여 주요 지역으로 이동이 편리하다. 5호선 서대문역에서 환승하여 10분 내에 1호선, 2호선, 4호선, GTX-A 노선 등 다양한 교통망을 이용할 수 있다.

2단계 : 주택

서대문역을 포함한 서대문구 일대는 경사가 심한 편에 속한다. 같은 아파트더라도 단지마다 경사도에 차이가 있다. 아파트, 일자리, 관공서가 많아 서대문역 1, 2번 출구 쪽 주택가를 제외하고는 주택을 거의 찾아볼 수 없다.

매매가 시세 알아보기 (25년 6월 기준)

경희궁자이3단지

- 589세대(총 8개동)
- 주차대수 760대
- 사용승인일 : 2017년 2월 24일
- 건설사 : 지에스건설㈜
- 용적률 241%
- 건폐율 33%
- 매매가 : 전용84기준 23억~26억(층, 동에 따라 상이)

돈의문센트레빌

- 561세대(총 14개동)
- 주차대수 650대
- 사용승인일 : 2011년 4월 7일
- 건설사 : 동부건설㈜
- 용적률 188%
- 건폐율 19%
- 매매가 : 전용84기준 14억~16억(층, 동에 따라 상이)

재개발 재건축 현황 알아보기 (25년 6월 기준)

• 서대문역 남측 3080 도심공공6차 후보지역 선정

• 돈의문2 재정비 촉진구역 관리처분인가

• 천연동 89-16 모아타운 2차 관리계획 수립

3단계 : 거주

　서대문역 인근 시청역과 을지로역 등 일자리가 많이 있는 동네와 접해 있다. 직장과 빽빽한 건물로 복잡한 동네이지만 그만큼 다양한 상권이 있고 덕수궁, 경희궁 등 곳곳에 문화유산과 자연환경을 동시에 느낄 수 있다.

　또한, 동네의 질을 향상하는데 학군도 빼놓을 수 없다. 역사가 깊은 이화여고, 이화외고 등이 있다. 다만 학원가는 형성되어 있지 않다.

내집마련 첫걸음 069

연신내역

3개 노선 환승의 프리미엄

1단계 : 교통

연신내역은 3호선과 6호선, GTX-A까지 3개의 노선이 지나가는 지하철 역이다. 서북권 지역에서 유동인구가 많은 곳이었는데 GTX-A노선까지 더해져 더욱 유동인구가 늘어났다.

2단계 : 주택

연신내역 6, 7번 출구로 나오면 상가 거리를 볼 수 있다. 이곳이 연신내의 메인 거리이자 상권이 모여 있는 곳이다. 이 상권을 제외하고는 대부분 다세대 주택으로 이루어져 있다.

  그러나 현재 연신내역을 중심으로 3080 도심공공, 신속통합기획, 갈현1구역 등 재개발이 활발히 진행되고 있어 구축 다세대 빌라가 없어지고 있는 추세다.

매매가 시세 알아보기 (25년 6월 기준)

투룸

- 다세대 빌라 : 2억~3억

쓰리룸 (욕실 1개 기준)

- 다세대 빌라 : 2억 중반대~ 4억 중반대

쓰리룸 (욕실 2개 기준)

- 다세대 빌라 : 3억 초반대~ 5억 후반대

북한산힐스테이트7차

- 882세대(총 15개동)
- 주차대수 1,428대
- 사용승인일 : 2011년 7월 29일
- 건설사 : 현대건설주식회사
- 용적률 208%
- 건폐율 20%
- 매매가 : 전용84기준 10~14억(층, 동에 따라 상이)

갈현현대아파트

- 278세대(총 2개동)
- 주차대수 286세대
- 사용승인일 : 1997년 5월 8일
- 건설사 : 현대산업개발(주)
- 용적률 261% / 건폐율 25%
- 매매가 : 전용84기준 6억~7억 초반대(층, 동에 따라 상이)

재개발 재건축 현황 알아보기 (25년 6월 기준)

- 불광2동 329-32 3080 도심공공 1차 예정지구 지정
- 불광 1 근린공원 인근 3080 도심공공 1차 본지구 지정
- 연신내역 인근 3080 도심공공 1차본지구 사업계획 승인
- 갈현1구역 재개발 이주
- 불광동 359-1 신속통합기획 구역 선정

3단계 : 거주

  연식이 오래된 단독 다가구, 다세대 빌라가 많은 동네라 전체적으로 노후화되었고 주택 사이에 있는 도로(골목)가 넓지 않아 아직까지 여러 불편함이 존재한다. (소방차 진입 불가, 주차 어려움 등)

  서울 서쪽 끝에 위치한 동네이지만 3, 6호선에 GTX-A까지 더해져 강남 진입은 물론 서울의 일자리가 많은 여의도, 광화문, 을지로 등과 서울 외곽까지도 1시간 이내로 이동이 가능하다는 장점이 있다.

내집마련 첫걸음 070

망원역

한강을 품은 서울 속 감성 충만 동네

1단계 : 교통

6호선이 지나가는 망원역은 6호선 정차역 중 이용객 수가 많은 역에 속한다. 망원역 1번 출구로 나가면 동네 지명이 서교동이고, 2번 출구로 나가면 동네 지명이 망원동이다.

망원동을 돌아다니며 정차하는 마을버스는 많이 있지만, 타 지역으로 이동할 때는 주로 합정역을 거쳐 환승하는 구조가 대부분이다.

2단계 : 주택

망원역 주변 주택은 대부분 다세대 빌라와 나홀로 아파트로 이루어져 있고, 서교동에는 단독주택도 종종 보인다. 아직까지는 재개발이 진행되지 않은 구축 빌라들이 많고 노후화된 주택들의 모습을 볼 수 있는 동네다. 구축 빌라들 사이에 한 채씩 단독으로 리모델링을 한 신축 빌라, 건물의 모습도 함께 볼 수 있다.

매매가 시세 알아보기 (25년 6월 기준)

망원대상4차

- 43세대(총 1개동)
- 주차대수 49대
- 사용승인일 : 2000년 4월 29일
- 건설사 : 대상(주)
- 용적률 249%
- 건폐율 32%
- 매매가 : 전용84기준 12억(층, 동에 따라 상이)

성원1차

- 100세대(총 1개동)
- 주차대수 100대
- 사용승인일 : 1998년 6월 27일
- 건설사 : 성원건설(주)

- 용적률 367%
- 건폐율 32%
- 매매가 : 전용84기준 8억~9억(층, 동에 따라 상이)

에덴지우

- 19세대(총 1개동)
- 주차대수 20대
- 사용승인일 : 2011년 5월 12일
- 건설사 : ㈜시온종합건설
- 용적률 282%
- 건폐율 54%
- 매매가 : 전용84기준 8억(층, 동에 따라 상이)

투룸

- 다세대빌라 : 2억 후반대~3억

쓰리룸 (욕실 1개 기준)

- 다세대빌라 : 3억 중반대~5억 중반대

쓰리룸 (욕실 2개 기준)

- 다세대빌라 : 5억 초반대~6억 중후반대

재개발 재건축 현황 알아보기 (25년 6월 기준)
- 망원동 416-53 신통기획 구역 선정
- 망원동 456 가로주택 조합설립인가
- 망원동 456-6 모아타운 2차 관리계획 수립
- 망원동 459 가로주택 조합원 분양신청

3단계 : 거주

망원동은 망원시장과 다양한 소품샵, 맛집들이 있는 망리단길이 흥행하며 젊은 연령층에게 인기가 많은 동네다. 상대적으로 물가가 저렴한 시장과 사람들에게 인기가 있는 핫플레이스 거리가 함께 공존하는 동네는 극히 드물다.

망리단길 뒤편 곳곳 골목에는 다세대 빌라가 있는데 걸어서 핫플과 더불어 망원한강공원까지 걸어갈 수 있다. 이런 장점 덕분에 젊은 연령층에게 수요가 많다. 더불어 서교동은 주택도 많지만 홍대와 망원을 이어주는 위치이기 때문에 회사의 사옥과 일자리가 비교적 많다.

학부모에게 중요한 학군은 다소 부족하다. 꼭 해당 학교를 다녀야 할 만큼 수요가 높은 학교가 없고 학원가 또한 형성되어 있지 않다. 그렇기 때문에 자녀를 키우는 가정보다는 1인 가구, 직장인 등의 젊은 연령층, 혹은 오래전부터 망원에 자리 잡은 노인 인구가 많이 거주하고 있다.

내집마련 첫걸음 071

광흥창역

투자자만 아는 광흥창의 시간은 바로 지금이다

1단계 : 교통

출처 : 한국목재신문

6호선이 지나가는 광흥창역은 2025년 하반기 착공하여 2030년 개통 예정인 서부선 경전철 환승역이 된다. 서부선은 서울의 서북부(새절)와 서남부(서울대입구)를 연결해주는 노선으로, 교통편이 취약했던 지역의 해결책이 되어주는 호재다.

광흥창역 남쪽에는 서강대교가 있어 대교 하나만 건너면 여의도로 갈 수 있다. 그렇기 때문에 여의도 및 여의도 인근으로 출퇴근하는 직장인들의 수요가 높다. 다만, 출퇴근 시간에는 자차와 버스 이용률이 높아 극심한 교통 체증을 느낄 수 있다.

2단계 : 주택

광흥창역을 둘러싸고 있는 합정역, 상수역, 홍대입구역, 공덕역 등은 모두 상권과 대형 오피스로 북적이는 지역이다.

이에 비해 중간에 위치한 광흥창역은 주거촌에 가깝다. 역을 기준으로 사방면 모두 아파트와 다세대 빌라가 자리 잡고 있다. 한강에 가까워질수록 아파트 단지 내에 언덕이 있으니 장단점을 고려해야 한다.

매매가 시세 알아보기 (2025년 6월 기준)

한강밤섬자이
- 488세대(총 7개동)
- 주차대수 994대
- 사용승인일 : 2010년 2월 26일
- 건설사 : 지에스건설(주)
- 용적률 249%
- 건폐율 13%
- 매매가 : 전용84기준 19억 중반대(층, 동에 따라 상이)

서강쌍용예가

- 635세대(총 15개동)
- 주차대수 753세대
- 사용승인일 : 2007년 11월 1일
- 건설사 : 쌍용건설(주)
- 용적률 232%
- 건폐율 25%
- 매매가 : 전용84기준 16억 중반대(층, 동에 따라 상이)

투룸

- 다세대빌라 : 4억~7억

쓰리룸 (욕실 1개 기준)

- 다세대빌라 : 5억~7억

쓰리룸 (욕실 2개 기준)

- 다세대빌라 : 7억~8억

재개발 재건축 현황 알아보기 (25년 6월 기준)

- 창전동 46-1 모아타운 후보지
- 밤섬현대 리모델링 1차 안전진단

3단계 : 거주

광흥창역은 서강동과 신수동으로 나뉜다. 이곳은 아파트촌으로 이루어져 있어 유동인구가 많고 사람이 북적이는 합정역, 홍대입구역, 공덕역에 비해 상대적으로 조용한 동네다.

주변에는 수요가 높은 상권들과 맛집이 있고 거주하는 곳은 조용한 주택가다. 따라서 여의도로 출근하는 직장인이라면 직주근접과 실거주 면에서 빼놓을 것 하나 없는 지역이다.

더불어 바로 옆에는 대흥역 학원가가 활성화되어 있어 자녀가 있는 학부모들도 선호한다. 한강과 경의선숲길로 자연도 느낄 수 있다.

현장의 냄새와 소리까지 기억해서 내 것으로 만드는 법

발품

마음과 정신 그리고 건강을 위해 밖으로 나가 걸어보자.
'산책'은 정신과 의사들이 권하는 처방에도 있다.
이왕지 좋은 산책을 하면서 상가에 대한 관심,
유동 인구(이웃)에 대한 관심,
그리고 새로운 건물에 대한 관심을 가져보자.
산책이 자연스럽게 '임장'이 되는 행복한 습관이 만들어질 것이다.

명일동

강동구에서 저평가된 기회의 땅

강남, 서초, 목동, 그리고 송파.

아이 교육을 위해 이사를 고민하는 학부모라면 누구나 한 번쯤 들어봤을 곳이다. 하지만 정작 이런 곳들의 집값을 알아보면 현실에선 불가능한 수준이다. 아무리 교육 수준이 좋다 하더라도 감당할 수 없는 가격이면 의미가 없다.

그렇다면 대안은 무엇일까?

3대 교육 지역과 송파만큼 유명하지는 않지만, 충분히 좋은 교육환경을 갖추고 상대적으로 진입가격이 조금 낮은 곳이 있다. 바로 강동구 명일동이다.

명일동의 큰 장점은 좋은 고등학교 학군이 있다는 점이다. 학부모가 아니더라도 명문 학교가 있다는 것은 지역의 '네임드'를 높여준다. 교육 인프라가 좋다는 것은 그 지역의 주민 수준이나 향후 발전 가능성을 보여주는 지표이기도 하다.

더욱 매력적인 점은 강동/송파권이라는 광역 학군 덕분에 선택의 폭이 넓다는 것이다. 지금 당장 아이가 없어도 나중에 결혼해서 아이를 낳게 되면 이런 교육 혜택을 누릴 수 있다는 게 큰 장점이다.

교통도 강남과 하남을 비롯한 다른 경기권 일자리로의 접근성이 좋다. 5호선 명일역을 이용하여 환승을 통해 강남, 잠실 접근이 가능하고 왕십

┃ 9호선 연장 신설역 위치 ┃

* 제2차 서울특별시 10개년 도시철도망 구축계획(안)

출처 : 서울정보소통광장

리, 종로, 여의도는 한 번에 갈 수 있다.

　직장인의 출퇴근 편의성에 투자 목적을 둔 사람이라면 바로 계약할 만큼 매력 있는 곳이다. 기존 구도심 인프라와 새 아파트의 인프라가 적절히 조화를 이룬 지역이다.

아파트 vs 빌라, 현명한 선택은?

　명일동에서 집을 구한다면 크게 두 가지 선택지가 있다. 재건축을 앞둔 구축 아파트나 역세권 활성화 개발 예정 지역의 빌라 중에서 고를 수

| 명일동 개발구역 현황 |

있다.

구축 아파트들은 대부분 1980~90년대에 지어진 낡은 건물들이라 재건축 추진 중인 곳들이 많다. 실제로 각 아파트 단지를 돌아보면 '재건축 추진위원회' 현수막을 볼 수 있다. 재건축이 된다면 신축 프리미엄의 수익도 기대할 수 있어 투자 관점에서도 매력적이다.

빌라 지역도 나름의 매력이 있다. 준신축 수준의 빌라들도 많고 아파트보다는 저렴한 가격에 넓은 공간을 확보할 수 있다. 특히 개발 예정 지역에 있는 빌라들은 향후 재개발 때 큰 수익을 기대할 수 있다.

처음으로 내집마련을 하는 2030 세대라면 강동구 빌라를 선택지에 넣

┃ 명일역 주변 노후도 ┃

* 색깔이 진할수록 연식이 오래되었음.

출처 : 부동산플래닛

길 바란다. 정해진 금액 안에서 다른 지역과 비교해볼 때 넓은 평수와 좋은 인프라를 누릴 수 있는 후보군이 되어준다.

직접 생활해보면 어떨까?

교육환경만큼이나 실제 생활 편의성도 뛰어나다. 명일역 주변은 기본적인 생활 인프라가 잘 갖춰져 있다. 대형 마트, 병원, 은행, 학원가 등 필수 시설들이 도보권에 있어서 생활하는데 편리하다.

대형 상권을 원할 시에는 가까운 잠실과 하남 스타필드, 강동 이케아를 쉽게 방문할 수 있다.

이런 점이 장점일 수 있다. 평상시에는 조용하고 안정적인 주거환경에서 생활하다가 필요할 때만 핫플레이스로 나가면 된다.

현실적인 비용

실제로 명일동으로 이사하려면 얼마나 준비해야 할까?

명일동 매물 (2025년 6월 기준)				
명일현대	삼익맨션	고덕주공9단지	주공9단지 옆 빌라	(예상) 한영외고 역세권 빌라
중층 / 7억 9천	저층 / 12억 5천	저층 / 15억	2층 / 4억	4층 / 5억 9천
전용 57.09㎡	전용 66.87㎡	전용 83.52㎡	전용 53.48㎡ 대지 37.95㎡	전용 35㎡ 대지 21㎡
방3 화1 1988년 승인 리모델링 추진중	방3 화1 1984년 승인 올수리 조합원지위 승계	방3 화1 1985년 승인	방3 화1 1986년 승인	방3 화1 2020년 승인 무단 증축 있음

재건축 대상 구축 아파트의 경우 매매가가 15억원 선에서 시작한다. 대출을 70% 받는다면 4억 5천만원 정도 준비해야 한다. 조금 더 욕심을 낸다면 18억~20억원대도 있다. (대출 정책은 수시로 변하므로 필요한 시점에 다시 확인해야 한다.)

20대 후반이나 30대 초반이라면 빌라로 시작해서 점진적으로 업그레이드하는 전략도 좋다. 우선 명일동이라는 좋은 입지에 발을 담그고 나중에 여건이 되면 더 좋은 집으로 갈아탄다.

명일동, 선택할 만한 곳일까?

결론적으로 명일동은 교육 3대 지역과 송파에 비해 상당히 합리적인 가격에 우수한 입지 조건을 누릴 수 있는 지역이다. 학군이라는 확실한 가

| 집 앞에 9호선 역이 생기는 역세권 도시정비 |

치가 있고 재건축이나 재개발 등의 호재도 기대할 수 있어서 투자 가치도 좋다.

아직 결혼 계획이 없는 싱글이라도 장기적 관점에서 충분히 매력적인 선택지다. 좋은 입지에 자리 잡는 것 자체가 미래에 대한 투자이기도 하다.

다만 강남이나 송파 수준의 화려한 인프라나 상권은 기대하기 어렵고 상당한 초기 자금도 필요하다. 아파트는 최소 4억 5천만원, 빌라도 2억원 중반의 금액을 준비해야 한다.

그럼에도 불구하고 좋은 입지의 집을 찾고 있다면, 명일동은 충분히 고려해볼 만한 현실적인 대안이다.

내집마련 첫걸음 073

자양동

자양동은 최근 한강변 프리미엄과 재개발 호재로 주목받는 지역이다. (한강 조망, 초역세권, 재건축 재개발)

1. 자양4동 A구역 재개발(주택정비형 사업)

서울시 도시계획위원회에서 최고 49층/총 2,999세대 규모 아파트로 조정 가결되었다.

모두 한강변을 조망할 수 있게 고려해서 재건축을 한다는 멋진 설계안이 나왔다.

2. 자양 한강변 지구 재건축 열풍

- 자양 1, 4, 7구역 등 재건축이 본격적으로 진행 중이다.

❙ 자양동은 재개발의 용광로 ❙

- 자양 4구역(래미안 프리미어팰리스 입주 예정)
- 자양 1구역(롯데캐슬 주상복합, 사업시행인가 완료)
- 자양 7구역(930가구 재건축, 정비구역 지정 절차 중)
- 최고 25층 높이로 설계했으며 빠른 사업 추진이 특징이다.

❙ 자양동 모아타운 비교 ❙

구역	면적	노후도	예상조합원	진행	권리기준 산정일
A	74,322	65.3%	915명	모아타운 신청	24. 5. 17
B	86,100	68.2%	920명	대상지 선정	24. 5. 3
C	65,802	61.3%	500명	모아타운 신청	24. 5. 3

▎자양동 빌라 매물 ▎

모아타운 A	모아타운 B	모아타운 C	자양전통시장 인근	구의역세권
고층 / 8억 3천	중층 / 9억 2천	고층 / 7억 5500	고층 / 5억 9천	중층 / 6억
전용 57.83㎡	전용 47.9㎡ 대지 28.63㎡	전용 60㎡ 대지 35.9㎡	전용 71㎡ 대지 35㎡	전용 67㎡ 대지 35㎡
방2 화1 2016년 승인	방3 화2 2014년 승인	방3 화2 2008년 승인	방3 화1 2002년 승인	방3 화2 2002년 승인

▎자양역 주변 노후도 ▎

* 색깔이 진할수록 연식이 오래되었음.

출처 : 부동산플래닛

 자양동 개발사업에 붙는 수식어는 '한강 조망'이라는 단어다. 한강 프리미엄을 누릴 수 있는 오래된 마을이 한동안 지지부진한 속도로 방치되어

▎길거리 현수막을 주목하자 ▎

왔다. 이때 과감히 미래가치를 보고 매수했던 사람이 승자가 되었다.

지금은 가는 곳마다 플래카드가 붙어 있으니 '역시 자양동이야' 하겠지만, 4년 전까지만 해도 '거기는 개발이 취소된 곳이야. 안 되는 곳이니 생각도 말아'였다. 임장을 부지런히 다니며 입지의 가능성을 예측한 사람은 현재 웃고 있다.

자양1동 모아타운은 한강 조망이 어렵다. 아쉽지만 내 주머니 사정으로 인해 한강 조망만 포기한다면 걸어서 한강을 나갈 수 있는 입지를 가질 기회가 남아 있다.

한강 주변 고층 단지 재개발과 대단지 주상복합, 교통 인프라가 어우러진 서울 동북권 핵심 투자 지역이다. 기획부터 실행까지 속도가 빠른 만큼 현재 부동산 시장에도 상승 흐름이 잘 반영되고 있다.

자양2동의 모아타운은 9만 5천 제곱미터라는 엄청난 규모다. 모아타운 법정 한계인 10만 제곱미터에 거의 육박하는 대단지다.

| 자양2동 모아타운 규모 |

더 중요한 건 2025년 7월 설명회에서 공개된 자료에 따르면 건축물 398개 중 290동이 20년 이상 된 노후 건축물이다. 노후도가 73%에 달하는 수치였다. 재개발의 필요성을 실감했다.

구분	면적 (㎡)	노후 건축물		노후도 (%)	반지하	
		전체	동수		동수	비율
합계	95,352.8	398	290	72.9	244	61.3
1	8,523.7	82	63	76.8	54	65.9
2	19,054.2	98	70	71.4	62	63.3
3	17,853.1	63	52	82.5	45	71.4
4	17,149.6	72	54	75	43	59.7
5	18,729.4	83	51	61.4	40	48.2

통계 출처 : 자양2동 모아타운 설명회

이렇게 심각한 노후도를 보이는 동네는 부동산 시장에서 뜨거운 감자다.

실제로 개발구역 인근에 있는 오래된 빨간 벽돌 반지하 빌라가 감정가 2억원대로 경매에 나왔는데, 66명이 입찰에 몰리면서 5억 5천만원에 낙찰되는 일이 벌어졌다. (25년 7월 경매)

감정가보다 무려 2.75배 높은 가격이었다. 이곳이 얼마나 핫한 구역인지 보여주는 단적인 사례다.

저자도 임장을 다녀온 반지하 빌라였다. 한참을 더 공실로 비워 놓아야 하고 장마철에 고생하는 그 집이 5억원 넘게 낙찰되었다는 것은 굉장한 과열시장에 들어갔다는 지표다.

한강이 도보 거리에 있고 성수와 건대의 젊음을 함께 누리는 자양동에 드디어 변화의 바람이 불고 있다.

이곳은 전체 사업지의 80% 이상이 7층 이하의 2종 일반주거지역으로, 빌라와 다세대주택이 바짝 붙어 있는 전형적인 서울 주택가 풍경이다. 하지만 사업지의 85%를 3종 일반주거지역으로 종상향 한다. 쉽게 말하면 더 높은 건물을 지을 수 있게 된다는 뜻이다.

특별건축구역으로 지정되면 추가적으로 건축법 완화를 받아 더 자유롭고 높게 지을 수 있다. 심의 통과가 되면 고시 공고가 되고, 그 다음에 조합설립인가, 사업승인 후 공사가 시작된다.

아직 갈 길이 멀지만 변화가 시작되었다. 사람만 겨우 지나가던 좁은 길이 넓은 대로가 되고, 낡은 빌라가 한강을 바라보는 랜드마크 아파트가 될 것이다.

┃ 반지하 빌라 임장 모습 ┃

내집마련 첫걸음 074

수원 영통

"굳이 서울이어야 할까?"

높은 서울 집값에 지친 사람들이 자주 하는 고민이 있다.

서울은 죄다 개발이라 하면서 프리미엄이 붙어 너무 비싸고, 그렇다고 아무곳이나 갈 수는 없고.

이럴 때 주목하는 곳이 바로 수원 영통구다. 영통구는 분당과 함께 대표적인 신도시로 꼽힌다. 무엇보다 교육 인프라가 잘 갖춰져 있어서 학부모들 사이에서는 '수원의 강남'이라고 불리기도 한다. (삼성 디지털시티, 광교 신도시)

하지만 여기서 중요한 건 역까지의 거리에 따라 집값이 천차만별이라는 점이다.

| 수인분당선 영통역 주변 |

출처 : 네이버지도

　영통구의 가장 큰 장점은 교육 환경이다. 신도시답게 학교 시설이 잘 갖춰져 있고 학원가도 발달되어 있다. 수원외고, 영덕고 같은 명문 학교들이 있어서 교육열이 높은 지역으로 유명하다.

　교통 인프라도 무시할 수 없다. 분당선이 지나가면서 강남까지 한 번에 갈 수 있고 신분당선과 연결되면 더욱 편리해진다. 또한, 수원 자체가 경기도 남부의 중심지여서 어디로든 접근성이 좋다.

　서울에 비해 상대적으로 저렴한 가격에 괜찮은 주거환경을 누릴 수 있다는 게 큰 매력이다.

┃ 경기도 직장인 연봉 ┃

출처 : 호갱노노

　영통구에 고소득층이 꾸준히 유입되고 있다. 경기도에서 연봉 1억원이 넘는 사람들이 가장 많이 거주하는 지역 중 하나가 바로 영통구다. 이 지역의 교육 환경과 생활 인프라가 그만큼 우수하게 상향화되었다.

　실제로 영통구의 인구는 꾸준히 증가하고 있다. 신도시 개발이 완료된 지 오래됐음에도 불구하고 여전히 새로운 주민들이 유입되고 있다. 이 지역의 매력을 보여주는 지표다. 특히 서울에서 이주해오는 고학력, 고소득 가정들이 많아 전체적인 주민 수준이 높다.

| 경기 수원시 영통구 인구와 세대수 |

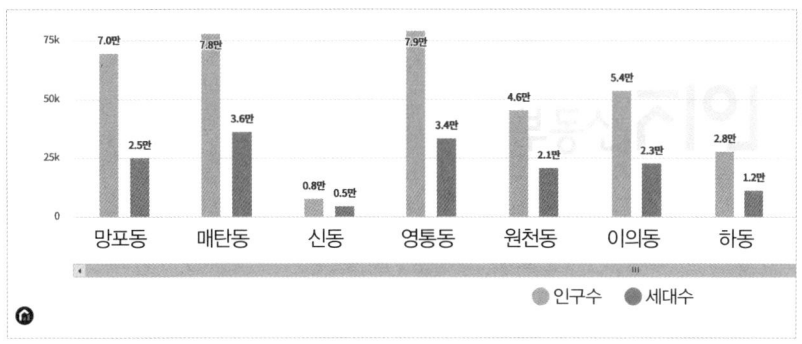

출처 : 부동산지인

영통역 도보 5분 이내

이른바 초역세권이라고 부르는 곳들이다. 이 정도 위치라면 30평대 아파트가 8억원을 웃돈다. 수인분당선을 바로 이용할 수 있어서 강남 출퇴근이 편리하고 상권 접근성도 최고다.

영통역 도보 10~15분

조금 걸어야 하지만 여전히 역세권으로 인정받는 거리다. 30평대가 6억~7억원대에 형성되어 있다. 매일 걸어다니기에는 약간 부담스럽지만 자전거나 버스를 이용하면 충분히 이동할 수 있는 거리다.

영통역에서 멀리 떨어진 곳

역까지 걸어가기는 어렵고 버스를 타야 하는 거리다. 그만큼 가격이 저렴해서 소형 평수 아파트는 4억원대부터 시작한다. 신도시의 교육 환경과 인프라는 그대로 누리면서도 부담 없는 가격에 살 수 있다.

내집마련 첫걸음 075

광명통합3구역 vs 구축 아파트

광명시 전체가 새롭게 태어나고 있다.

광명시는 40년 전만 해도 서울에 상경한 지방러들이 스쳐가던 도시였다. 이주민들이 토박이들보다 많은데, 지금은 "광명에 얼마나 오래 사셨어요?"라고 질문하면 "한번 정착하고 계속 쭉 살아서 고향 같은 곳"이라고 대답한다. 서울 같은 경기도라 부르는 느낌의 광명은 한번 이사 들어오면 꾸준히 사는 도시다.

서울의 가치를 품고 있는 경기도의 이 지역을 주목해보자.

광명 뉴타운은 벌써 입주하는 구역이 생겼고, 지금 살 수 있는 신축 아파트는 서울 신축 아파트 가격과 어깨를 맞췄다.

그러나 신축 아파트를 사지 못했다고 낙담하지 않아도 된다. 아직도 진

| 광명통합3구역 대상지 |

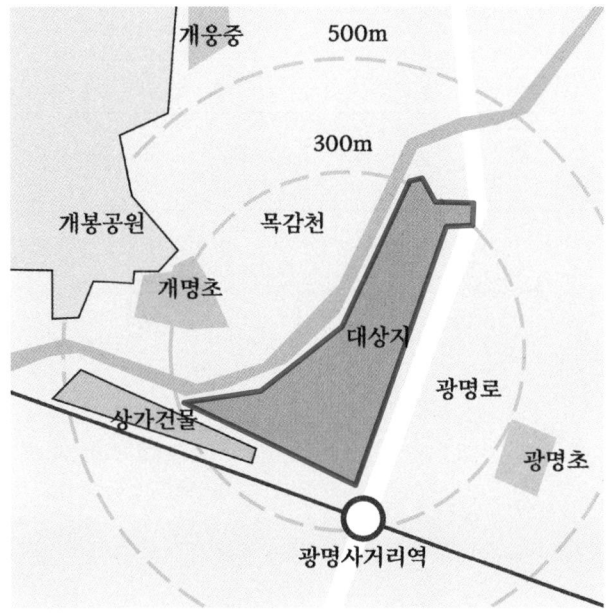

입이 가능한 재개발 지역과 재건축 아파트가 남아 있다는 희소식을 전하면서 각각 장단점을 비교해보자.

광명통합3구역

- 경기도 광명시 광명동 144-1번지 일원
- 면적 94,691㎡
- 지하 3층~지상 40층 용적률 463.14%
- 총 세대수 2,310세대 예정(임대 및 공공포함)
- 2022년 11월 공공재개발 후보지 선정
- LH가 추진 중 / 2,126세대 조성 예정

┃ 광명통합3구역 ┃

면적	39m²	49m²	59m²	84m²	104m²
세대	250세대(임대)	100세대	1,178세대	607세대	175세대
조합원 예상 분양가		5억 80만원	5억 9000만원	8억 5100만원	11억 3200만원

광명시에서 부동산을 알아보는 사람들이 반드시 고민하게 되는 선택지가 있다. 광명통합3구역 통합재개발 구역의 빌라를 살 것인지, 아니면 광명 뉴타운의 구축 아파트를 살 것인지 말이다. 둘 다 나름의 매력이 있어서 결정하기가 쉽지 않다.

광명시는 다양한 개발(광명뉴타운 재개발, 철산 재건축 등)로 인해 기본 인프라가 탄탄하다. 여기에 최근 서울에서 이주해오는 젊은 가족들과 IT 업계 고소득층들이 늘어나면서 지역 전체가 활기를 띠고 있다.

특히 여의도나 강남으로 출퇴근하는 직장인들에게는 최고의 가성비를 자랑하는 곳이다.

광명통합3구역 통합재개발 - 수익성 vs 불확실성

광명통합3구역 통합재개발 구역은 현재 가장 뜨거운 관심을 받는 곳이다. 대규모 재개발이 확정되면서 향후 엄청난 수익을 기대할 수 있는 지역으로 부상했다.

재개발의 매력은 확실하다. 현재 4억~6억원대의 낡은 빌라를 사면 재개발 완료 후에는 10억원 이상의 새 아파트를 받을 가능성이 높다. 대출 60%를 받는다면 1억 6천만원~2억 4천만원으로 시작해서 몇 년 후 큰 수익을 거둘 수 있다.

하지만 리스크도 만만치 않다. 재개발이 계획대로 진행될지, 언제 완료될지 확실하지 않다. 그동안 낡은 빌라에서 생활해야 하는 불편도 감수해야 한다. 또한 조합비나 추가 분담금이 얼마나 나올지도 미지수다.

광명통합3구역 임장 포인트는 이렇다. 실제 그 지역에 가서 재개발 추진 현황을 직접 확인해봐야 한다. 주민설명회 공지사항이나 재개발 관련 현수막들을 체크하고 여러 부동산에서 추진 일정을 교차 확인하는 것이 중요하다.

광명 뉴타운

	광명더샵자이 포레나1단지 (중학교)	트리우스 광명 (초등학교)	광명 센트럴 아이파크	광명자이 힐스 테이트 SK뷰	광명 롯데캐슬 시그니처	철산 자이 브리에르	철산 자이 더헤리티지
	1R 포스코/GS/ 한화	2R 대우/롯데/ 현대엔지니어링	4R 현대산업개발	5R GS/SK/ 현대	9R 롯데	철산 주공 10, 11단지 GS	철산주공 8, 9단지 GS
준공 예정	25년 12월	24년 12월	25년 11월	27년 2월	27년 2월	26년 1월	25년 5월 30일
세대수	3,585 (일반분양 2,574)	3,344	1,957	2,878 (일반분양 647)	1,498	1,490	3,804 (일반분양 1,631)
분양가 (84기준)	10억 4천	11억 5~8천	12억 7천	12억 3천	8억 8천(59)	8억 6천(59)	10억 5천

광명 구축 아파트 (25년 6월 기준)

	광명한진타운	광명월드메르디앙	광명현진에버빌	광명제일풍경채	광명해모로이연	광명푸르지오센트베르	광명아크포레자이위브
세대수	1,633	577	657	195	1,267	1,335	2,104
준공	97년 6월	07년 4월	05년 11월	10년 9월	15년 9월	22년 10월	21년 4월
최근 실거래	110㎡ 7억 4500	107㎡ 6억 7500	106㎡ 6억 7800	76㎡ 5억 8500	104㎡ 7억 8500	80㎡ 8억 8000	79㎡ 8억
	–					광명뉴타운 15구역	광명뉴타운 16구역

광명 구축 아파트 (25년 6월 기준)

	철산주공 12단지	철산주공 13단지	철산역롯데캐슬&SK뷰클래스티지	철산쌍마한신	우성아파트 (KBS 우성)	두산위브	광복현대	광명롯데낙천대
	1,800	2,460	1,313	384	900	900	841	442
	86년 7월	86년 7월	22년 3월	99년 10월	90년 1월	07년 3월	98년 2월	05년 2월
	91㎡ 9억 8000	108㎡ 11억 3000	111㎡ 14억	100㎡ 7억 4800	102㎡ 6억 7000	111㎡ 7억 7700	108㎡ 6억 2000	103㎡ 6억 7000
	재건축	재건축 (정비계획 수립)	철산주공7단지 재건축	리모델링 추진중	재건축 예정		1972 건립한 광복 아파트를 재건축	

    무엇보다 확실하게 예상되는 것은 광명시가 속도는 다를지언정 최종으로 신축 아파트라는 목적지에 도착한다는 것이다. 꾸준히 광명시를 임장

| 광명 구름산 지구 계획도 |

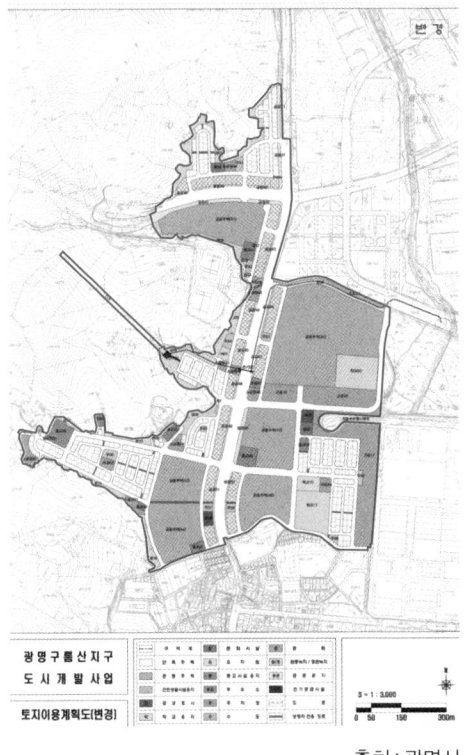

출처 : 광명시

하면 몇 년 후 신축 아파트라는 완주 메달을 목에 걸 수 있다.

광명시의 남쪽 끝자락엔 광명역사(고속철도)를 주위로 신도시가 완성되어 있다. 저자도 2013년도에 신축 아파트 청약을 접수했지만, 당첨이 안 되어 속상했던 기억이 있다. 당첨만 되었다면 3배의 자산 상승이 되었을 거라는 아쉬움에 바로 옆 마지막 남은 택지개발지역을 임장했다.

구름산 주변을 개발하는 현장 옆으로 작은 동네가 있다. 동네의 이름은 광명시 소하동. 이제 마지막 남은 낡은 동네인 소하동을 발품 임장할지 여부는 여러분의 몫이다.

❙ 소하동의 최근 현장 모습 ❙

❙ 광명이케아 도보권 동네의 개발 ❙

내집마련 첫걸음 076

하남 망월동(미사)

서울에 가까이 닿은 서울을 닮은 도시

    분당, 일산, 평촌 같은 기존 신도시들은 이미 집값이 많이 올라버린 상황이다. 하지만 경기도 하남시 미사강변도시는 아직 서울보다 저렴하면서도 엄청난 교통 호재를 앞두고 있다.

    미사 신도시는 2010년대에 조성되었다. 깔끔한 인프라와 넓은 공원, 계획적으로 배치된 상업시설들이 매력적이다. 하지만 무엇보다 사람들이 주목하는 건 바로 9호선 연장이다.

하남, 남양주를 강남 생활권으로 만들어줄 9호선

출처 : 연합뉴스

9호선 강일 연장

5호선이 미사역에 정차한다. 그러나 우리가 임장하며 둘러보아야 할 곳은 미사역 역세권이 아닌 현재 교통이 불편한 9호선 예비역 근처다.

아직은 9호선이 연장되지 않아 교통이 안 좋다는 이유로 자차로 임장할 생각이라면 바로 신발을 벗어라. 편리한 교통수단으로 임장을 다녀오고 나서 그 도시를 다 아는 척하니까 남의 다리만 긁고 오는 결과를 만난다.

'지하철이 없는데요.'

맞다. 그렇다면 지하철이 개통된 후 천천히 임장을 가라. 그러면, 5억 원에서 그 이상 오르는 프리미엄을 당신 말고 다른 사람이 가지게 될 것이다.

┃ 미사 택지 정보 ┃

● 지구지정 (녹색 테두리)   ● 실시계획   ● 부분준공   ● 준공 (검정 테두리)

9호선 예정지 인근 아파트 (25년 6월 기준)

아파트명	사용승인일	세대수	실거래가(84기준)
미사강변 센트리버	2016. 9	1,145세대	10억 3천
미사강변 스타힐스	2016. 11	1,569세대	10억 6800
미사강변 리슈빌	2018. 1	996세대	9억 8천
미사강변 도시베라체	2015. 5	615세대	9억 6천

9호선 효과 vs 현재 가격, 기회는 지금인가?

미사에서 부동산 매수를 고려하는 사람들이 가장 고민하는 지점은 바로 타이밍이다. 9호선 개통 전에 사야 할지, 아니면 개통 후 안정화된 시점에 사야 할지 말이다.

9호선 개통 전 매수의 장점은 명확하다. 현재 9억~10억원대의 아파트가 9호선 개통 후에는 12억~15억원대로 오를 가능성이 높다. 강남 접근성이 개선되면서 수요가 크게 늘어날 것이기 때문이다.

한 가지 짚고 넘어갈 건 개통 지연 리스크를 고려해야 한다. 대규모 인프라 사업은 예상보다 늦어지는 경우가 많다. 2031년 완공 예정이지만 1~2년 더 걸릴 수도 있다. 그 기간 동안 자금이 묶여 있는 부담을 감수해야 한다.

현재 미사 아파트 가격은 평균 9억~10억원대다. 84㎡ 기준으로 9억원 중후반, 100㎡ 이상은 10억원을 넘어간다. 대출 70%를 받으면 2억 7천만원~3억원 정도 준비해야 한다. (대출 조건은 정부 규제와 개인차가 있어 따로 다루지 않는다.)

단지별 프리미엄도 존재한다. 한강 조망이 좋은 리버뷰 단지들은 같은 평형대라도 5천만원~1억원 정도 더 비싸다. 9호선 개통 후에는 이 격차가 더 벌어질 가능성이 높다.

프리미엄이 붙은 부동산의 가격은 오르는 시점(상승장)을 만나면 시너지를 내면서 큰 상승폭을 만들고, 가격이 떨어질 때(하락장)는 프리미엄 조건이 없는 일반 부동산에 비해 서서히 떨어진다. 결과적으로 프리미엄이 붙은 부동산과 프리미엄이 붙지 않은 부동산 간에 상당한 가격의 갭이 발생한다.

프리미엄 가격이 서서히 반영되는 과정이거나 미래 가치가 아직 반영되지 않았을 때가 우리가 임장을 가야 하는 타이밍이다.

내집마련 첫걸음 077

상도동

흑석뉴타운의 다음 물결

동작구 상도동은 서울에서 가장 '저평가된 곳' 중 하나다. 강남과 여의

▎벽보의 테이핑 마감 수준으로 예측할 수 있는 개발 진행상황 ▎

도 사이, 한강과 인접한 최적의 입지를 가지고 있으면서도 상대적으로 주목받지 못했다.

상도동의 가장 큰 매력은 입지의 완벽함이다. 7호선 상도역을 중심으로 강남이나 여의도까지 20분이면 갈 수 있는 교통 요충지다. 그런데도 집값은 강남이나 여의도 주변 시세의 절반 수준이다. 이런 괴리가 생긴 이유는 단 하나, 노후화된 주택들 때문이다. 역시나 2020년대 들어 상도동에 변화의 바람이 불기 시작했다.

상도동의 핵심 자산은 교통 접근성이다. 7호선 상도역은 강남에 있는 여러 지하철역(고속터미널, 반포, 논현, 학동, 강남구청, 청담)까지 직통으로 연결된다. 또, 9호선 환승을 통해 여의도나 강남권 어디든 30분 이내에 갈 수 있다. 서울에서 이 정도 접근성을 가진 곳이 이렇게 저렴한 경우는 드물다.

┃ 현수막을 거는 건물은 추진위원일 가능성이 높다 ┃

상도동은 특이하게도 단독주택과 다세대주택이 많은 지역이다. 재개발 대상 아파트뿐만 아니라 개별 주택들도 향후 개발 가능성이 높다. 전체적인 지역 발전에 따라 개별 주택들의 가치도 함께 상승할 것으로 예상된다.

최근에는 젊은 직장인들과 신혼부부들이 상도동으로 유입되고 있다. 강남이나 여의도 출퇴근을 하면서도 합리적인 가격에 집을 구할 수 있기 때문이다. 이들의 유입으로 지역 상권도 활성화되고 있다.

국사봉(상도동) 아래 개발지역 매물 (25년 6월 기준)

279모아 승인	모아타운 선정구역	모아타운 선정구역	상도15 신속통합	상도14 신속통합
중층 / 4억 5천	중층 / 4억 5천	고층 / 3억 5500	고층 / 8억 2천	중층 / 6억 3천
전용 69㎡ 대지 42㎡	전용 69㎡ 대지 39㎡	전용 42㎡ 대지 21.9㎡	전용 74㎡ 대지 36㎡	전용 63㎡ 대지 34㎡
방3 화2 2008년 승인	방3 화1 2002년 승인	방3 화1 2011년 승인	방3 화2 2003년 승인 토지거래허가구역	방3 화2 1997년 승인 토지거래허가구역

서부선 예정 노선도 – 신상도역과 장승배기역 사이 주목

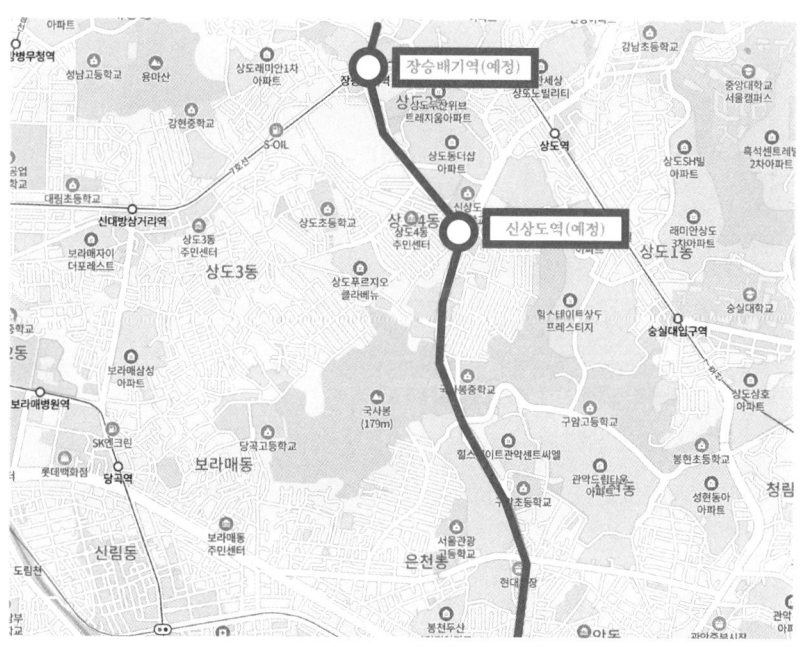

6장 손품과 발품으로 내게 딱 맞는 집 찾는 기술_ 실전 임장 편

상도동, 선택할 만한 곳일까?

결론적으로 상도동은 서울에서 몇 안 되는 '저평가된 교통 요충지'다. 강남과 여의도 중간이라는 최적의 입지를 가지고 있으면서도 재개발로 인한 상승 잠재력까지 갖추고 있다.

흑석동은 돈이 많아야 살 수 있었다고 생각하는가? 오른 후의 가격만 보고 판단하는 것이다. 사실 과거엔 흑석동보다 상도동이 부자 동네였다. 먼저 개발을 완성한 흑석동을 추월할 상도동으로 걸어가보자.

'실전 임장 편'은 저자가 가장 잘 아는 서울, 수도권 지역을 예로 든 것이다. 예로 든 지역은 저자가 투자해서 오르기를 바라는 지역도 아니고 신기가 있어서 찍어주는 것도 아니다. 내집마련을 할 때 다른 사람의 조언이나 임장기를 보고 무작정 선택하지 말고 직접 경험해보길 바라는 마음을 담았다.
선배의 방법을 발판 삼아 외롭지 않은 내집마련이 되길 바라며, 무엇을 중심으로 봐야 할지 자신만의 노하우를 만들기 바란다.

나머지 지역은 이제부터 독자인 후배님들의 몫으로 남겨 놓겠다. 임장 현장에서 만나면 인사 나눌 수 있는 그런 행복한 내집마련 첫걸음이 되길 바란다.

'내집마련 첫걸음' 쿠키

영화가 끝나고 나오는 쿠키 영상처럼 책을 다 읽은 당신에게 작은 선물을 준비했다.

실전1 : 방배동 삼호아파트의 반전

서울 서초구 방배동에 있는 삼호아파트는 특이하게도 전체 아파트 단지가 아닌 12동, 13동 딱 두 개 동만 묶어서 가로정비를 진행하고 있다.

왜 두 개 동만 따로 할까?

12동과 13동만 준주거지역이기 때문이다. 준주거지역은 일반주거지역보다 용적률을 높게 지을 수 있어서 사업성이 훨씬 좋다. 그래서 조건이 좋은 이 두 개 동만 먼저 가로정비를 진행하는 것이다. 덕분에 기존 96세대의 작은 규모에서 재건축 후에는 총 120세대로 증가하게 된다.

그리고 현대건설의 프리미엄 브랜드인 '디에이치' 하이엔드 브랜드가 적용된다. 작은 규모지만 고급브랜드로 재탄생하는 사례다.

재건축이 꼭 대단지만 가능한 건 아니다. 소규모도 브랜드 가치를 높여 성공할 수 있다는 걸 보여준다.

실전2 : 철산역자이의 숨겨진 행운

"철산역자이? 거기 언덕 아니야?"
"오르막길 너무 힘들어서 별로야."

맞다. 철산역자이는 산자락 언덕에 있는 마을을 재개발하는 곳이다. 언덕으로 되어 있던 그 동네는 많은 사람들이 불편해 했던 곳이다. 하지만 재개발 공사하는 모습을 보면 지반이 부드러운 흙으로 되어 있다. 지금은 평지에 가깝게 지반 다지기(평탄화)를 하고 있어 예상했던 언덕 아파트가 아니다.

만약 바위나 암석과 같은 단단한 지반이었다면 폭파 작업을 해야 하고, 그럴 경우 공사속도는 느려지고 비용은 크게 올라간다. 철산역자이는 흙으로 된 지반 덕분에 공사가 빠르고 순조롭게 진행되고 있다.

부동산은 겉에 보이는 것만으로 판단할 수 없다.

이 책의 마지막 장을 덮는 독자의 눈에 앞의 두 사례가 서서히 보이게 될 것이다.

┃ 에필로그 ┃

"내 인생에서 부동산의 최종 목적지는 강남 아파트에 사는 것일까?"

이 질문은 부동산 시장을 매일 생각하고 걷고 연구한 지 20년 차인 저자가 스스로에게 하는 질문이기도 하다.

자문자답 해본다면 답은 지금까지는 아니다. 달동네 출신인 나에게 강남은 네비게이션도 고장이 나서 길을 헤맬 만큼 기가 눌리는 동네다. 그래서 강남 아파트가 부동산 인생의 최종 목적지가 되지 못한다. 강남의 모든 인프라를 누릴 수 있지만 아직도 저층 주거문화권에서 이웃과 적당히 소통하며, 1층 아주머니가 "김치 담갔는데 줄까?"라고 말을 건네는 동네에 살고 있다.

가장 가치 있고 비싼 것을 사는 것은 자본주의에서 어쩌면 당연한 목표다. 사는 것은Buy 당연하다. 하지만 내가 살아야Live 하는 곳이 가장 비싼 아파트인지는 다른 문제다.

나와 내 가족 구성원은 우리의 삶과 궁합이 맞는 지역에서 살아야 한다. 각자의 라이프 스타일이 다르고 선호하는 취향이 다르다.

가장 후지고 허름한 집에 사는 것을 '몸테크'라고 표현한다. 부동산을 좋아하는 내가 가장 싫어하는 투자 방법이다. 나와 가족의 희생을 담보로 하는 부동산을 목표로 삼지 말고, 살아가면서 행복을 주는 생명체로 바라봐주길 바란다.

나와 맞지 않는 부자 동네에서 부자의 삶을 무작정 따라 한다면 그 삶도 결국 '몸테크'일 뿐이다.

그런데, 부동산은 꼭 많은 것을 포기해야만 가질 수 있는 것일까?

씨드 머니를 모으는 몇 년 동안 자신이나 가족의 삶을 포기해야 할까?

- 시간을 잘 사용하는 방법
- 체력을 기르는 삶
- 정신이 건강해지는 생각과 습관
- 무엇보다 다르게 사는 방법 배우기

이런 가치를 위해 힘을 써보면 어떨까?

참는 삶이 아니라 나와 가족이 트레이닝하는 삶이 열릴 것이다.

이 책에선 이것만 옳으니 믿고 따르라는 족집게 노하우는 빼려고 노력했다. 남이 해서 성공했으니 나도 따라만 하면 똑같이 된다는 위험한 생각보다 계속 강조하는 것이 있다.

나만의(내 가족만의) 투자(부동산 구매) 방법을 계속 생각해서 독창적인 노하우를 갖고 가라는 것이다.

기억하라. 부동산 현장은 '케바케'다. 그리고 살아 숨 쉰다.

그래서 기본을 철저히 익히고 그 기본을 바탕으로 나만의 노하우를 쌓아가다 보면 언제나, 어디서나 어떤 부동산을 사고팔려 해도 매번 성공의 맛을 보게 될 것이다.

우리는 모두 각자에게 행운처럼 다가오는 기회를 품고 살아간다. 다만 준비가 안 된 사람은 그 기회가 옆에 있는지조차 느끼지 못하고 사라지게 한다. 부동산에 닿은 기회만은 꼭 지키길 바란다. 이 책이 그 역할을 할 수 있을 것이다.

집필하는 동안 무주택자와 MZ들의 상황을 조언해준 사무실 동료들에게 감사인사를 전한다.

여러분이 '내 집'을 떠올릴 때마다 항상 미소가 번지길 기원하며, 집필에 몰입했던 인고의 노력을 마친다.